苏州话900句

900 Sentences of Suzhou Dialect

（吴侬软语苏州话）

黄志良　沈洁红　周明华 ⊙ 主编

苏州大学出版社
Soochow University Press

图书在版编目（CIP）数据

苏州话 900 句：吴侬软语苏州话 / 黄志良，沈洁红，周明华主编. --苏州：苏州大学出版社，2018. 1(2021. 1 重印)

ISBN 978-7-5672-2262-5

Ⅰ. ①苏… Ⅱ. ②黄… ②沈… ③周…Ⅲ. ①吴语—苏州 Ⅳ. ①H173

中国版本图书馆 CIP 数据核字（2017）第 262569 号

书　　名：苏州话 900 句（吴侬软语苏州话）
主　　编：黄志良　沈洁红　周明华
责任编辑：刘　海
整帧设计：刘　俊
出版发行：苏州大学出版社（Soochow University Press）
社　　址：苏州市十梓街 1 号　**邮编**：215006
印　　刷：苏州文星印刷有限公司
E-mail　：Liuwang@suda.edu.cn　　QQ：64826224
邮购热线：0512-67480030　**销售热线**：0512-65225020

开　　本：787×1092mm　1/32　**印张**：5.25　**字数**：105 千
版　　次：2018 年 1 月第 1 版
印　　次：2021 年 1 月第 2 次修订印刷
书　　号：978-7-5672-2262-5
定　　价：25 元

凡购本社图书发现印装错误，请与本社联系调换。
服务热线：0512-65225020

本书编委会

编写说明

本册子收集有苏州话中最常用的词汇、俗语和歇后语 856 句，主要供来自非吴语区常在苏州生活和工作的“新苏州人”、非吴语区需要与苏州人打交道而又苦于听不懂苏州方言的外地读者以及一些苏州话说得不标准的苏州孩子学习苏州话使用。读者朋友可按“循声寻意”和“循意寻声”的办法找到想要学会并记住的苏州话常用词语的读音、注释和例句。本书还收录有苏州话常用俗语和歇后语若干条，以笔画为序，且有注音和解释。

本书并配有苏州话发音的注音字母表以及近 900 个苏州常用词语、俗语和歇后语的录音，经常翻阅、默背和听录音逐步记住这近900句苏州人常用的词语和句子，有助于听懂苏州老百姓的日常会话以及苏州方言类电视节目、广播等。

苏州话是倷格根（序）

朱栋霖

苏州话是最具魅力的汉语方言，“吴侬软语”一词将苏州话的魅力风华挥洒尽致。我们不知道2500年前春秋吴国人怎么说话唱吴歌，但《江南》这首歌确是2000多年前的吴语歌曲，1500多年前的南朝乐府中吴语歌曲已名闻遐迩。宋代民歌《月子弯弯照九州》显然是用苏州话唱的。明、清两代，苏州话南北盛行，用姑苏音演唱的昆腔成为官腔，沈璟、李玉等吴江派、苏州派作家将大量苏白写进昆腔传奇，苏州话被写进小说集《三言》《两拍》，冯梦龙搜集的《山歌》10卷都是苏州话，可见吴歌在明代的江浙地区已很盛行。明、清两代，江南许多举子进京赶考，吴语成为明代官话。晚清，吴语小说《海上花列传》等风靡一时，评弹走遍江浙沪，将正宗苏州话的韵味浸润江南。如今，“吴侬软语”“古城遗韵”“水乡风貌”成为苏州的三大名片。

现在，有 600 多万外地人生活在苏州这块土地上，入乡随俗、融入当地的新苏州人希望学习苏州话，有许多外地客商、海外投资者和科技人才与苏州交往，需要学点苏州话，渐渐不会说家乡话的老苏州后代也需要学习正宗的苏州话。一本《苏州话 900 句》恰逢其时，出现在我的手边。主其事者黄志良先生曾任中国驻委内瑞拉等国大使，他退休后回到家乡，与评话名家周明华关注苏州文化，也关心苏州话的传承，与其他合作者共同完成了这本《苏州话 900 句》。

20 世纪 80 年代,《ENGLISH 900》风靡全国，不少 50 岁以上的人都接触过这本书。它曾经帮助许多有志青年学习英语，走向世界。《苏州话 900 句》此书虽小，功夫颇大，一卷口袋书，易学又能用，方便求学人，嘉惠在姑苏。

是为序。

2017 年 8 月 7 日

目　　录

苏州话注音字母表

借用汉语拼音字母注音而按苏州话读音，辅音中另加 8 个浊辅音的特殊发音，元音中另加 4 个当元音用的特殊辅音和 1 个特有元音。

辅　音

唇音	b	bh	p	m	f	fh
	拨	勃	泼	墨	弗	佛
舌头音	d	dh	t	n	l	
	得	特	脱	纳	勒	
牙音，喉音	g	gh	k	h	hh	
	格	搿	克	黑	合	
舌面音	j	jh	q	x	y	yh
	基	奇	气	希	衣	异
齿音	z	c	s	sh		
	资	雌	思	慈		

元　音

a	e	i（y）	o	u（w）	wh			
啊	埃	衣	哦	乌	胡			
4个特殊辅音作为元音用	mm	nn	ng	r（er）				
	呒	唔	鱼	尔				
一个特有元音	oe							
	安							
8个常用组合元音	ao	ia	iu	ou	ang	eng	ing	ong
	澳	呀	迂	欧	盎	恩	英	翁
2个不发音的后缀字母	h	（使成特殊浊辅音）			k	（使成短促音）		
	如:bh（勃）	fh（佛）	dh（特）	gh（搿）	如:ak(阿)	ek（厄）	ik（益）	ok（喔）
	hh（合）	jh（奇）	yh（异）	sh（慈）				
	wh（胡）							

循声寻意的注音索引

A

阿 ak	（1）发音词，表示亲热。例：阿哥，阿大，阿戆。（2）疑问词。相当于“可”“是否”。例：阿是？阿对？
阿猫阿狗 ak mao ak gou	泛指某人、某些人或任何人。例：格种事体~才会做个。
阿婆 ak bhu	婆婆；媳妇对丈夫母亲的称呼。
阿爹 ak dia	爷爷，祖父。
阿公 ak gong	公公；媳妇对丈夫父亲的称呼。
阿姐 ak zia	姐姐。

阿 是　是不是。例：倷~同意搭俚结婚则？
ak shy

阿 嫂　嫂嫂。
ak sao

阿 壳 张　谁知，哪知道。例：~倷会搭我板面孔。
ak ko zang

阿 来 三　可不可以。例：我勒修房子，到倷屋里临时住两日，~？
ak le se

阿 末　最后，末了。例：俚期末考试考了~第一名。
ak mek

阿 木 林　土里土气，什么也不懂，易上当的人（不含贬义）。例：倷勿要当俚~，门槛蛮精格！
ak mok lin

阿 曲 死　专指见识少、眼界浅而容易上当受骗或被人愚弄的人。例：倷勿要做～哉！
ak qio si

阿 姨　母亲的姐姐或妹妹。
ak yhi

阿作兴 ak zok xin
（1）会不会，是否可能。例：等仔俚半日还覅来，~俚放倷个生？
（2）怎么可以，岂能。例：农民工的工钱~赖脱！

拗 ao
（1）折断。例：拿跟竹头一~两段。（2）固执，不随和。如：脾气很~。（3）偏僻。例：俚住个场化勿通舟车，~勿过。（4）口音重难听懂。例：俚是北京人，讲起苏州话来有点~。

鸭屎臭 ak si cou
（1）丢脸，不光彩。例：搿种~格事体少做做。
（2）后果不好。例：倷个小鬼，弄弄就要~，拿倷吼收作。

懊劳 ao lao
后悔，懊悔。例：尼姑~剃光头。（谚语）

懊门痛 ao men tong
反悔，难以言讲的痛苦压在心里说不出。例：倷现在～，已经来勿及哉。

懊糟 ao zao
（1）郁闷。例：为仔伲子覅考上大学，俚心里交关~。（2）天气闷热不爽。例：黄梅天~勿过。（3）污秽，肮脏。例：几个星期没有洗澡，全身~得难受。

挨模样 ao mo yang
差不多时候，临近，到时候。例：现在肚皮勿饿，~再吃。

盎（曾阿） ang
“阿”“曾”两字的合音，有没有，可曾。例：娘怕我肚皮饿，问我~吃过点心。

掰 bak				用手把东西分开或折断。例：拿只橘子一~两，一人一半。
百 bak	有 yhou	份 fhen		爱管闲事，件件事都介入。例：随便啥个事体俚才要来轧一脚，真是个~。
伯 bak	姆 mm	道 dhao	里 li	妯娌之间。
白 bhak	鼻 bhi	头 dhou		小花脸，坏蛋，奸细。例：掰个人末是个~，勿是个好人。
白 bhak	落 lok	落 lok		徒然，落空，没有效果。例：我花去三十两银子想争口气，哪里晓得~。
白 bhak	僚 liao	僚 liao		脸色苍白无血色。例：格个人面孔~，大概身体有毛病。
白 bhak	乌 wu	龟 ju		鹅。例：苏州人称“鹅”为~。

白 嚼 蛆 bhak shak ci	随口胡说，说些无关紧要的事。例：倷勿要听俚~，俚讲个闲话十句九笃落，一句勿着落。
白 果 bhak gu	银杏。例：烫手炉，热~，一个铜钿买三颗。（儿歌）
鲍 腌 bhao yhi	短时间腌制。例：腌笃鲜是用~肉、新鲜肉搭仔竹笋一道煮的汤菜。
败 兆 bha shao	有失体面的行为。例：看倷格副~腔，勿像个读书人。
迸 拆 bang cak	东西开裂有缝。例：长远覅落雨，土地侪~哉。
碰 得 着 格 bhang dek shak ge	怎么会碰到你这样的人？真是少见！例：好心劝俚，反倒骂起我来哉，~！
碰 着 个 赤 佬 bhang shak ge ce lao	见了鬼了。比喻办事不顺利，碰到了倒霉事或遇到了不讲理的人。例：赛过~，事体覅弄明白，动手就打人，真是少成出见！

碰 着 点 啥 勒 嗨 bhang shak di sha lek he	开什么玩笑！别胡说八道了！（指人说话、做事不正常。）例：侬~，俚格事体搭我混身勿搭界！
碰 额 角 头 bhang nga gok dhou	碰运气。例：侬买仔实梗多彩票，要碰碰侬格额骨头来哉。
碰 着 发 bhang shak fak	表示不一定，靠机会或运气碰巧发生或成功的事。例：买股票呒不固定规律，~，有赚有赔。
旁 七 旁 八 bhang cik bhang bok	不相上下。例：搿一对选手格水平~，争夺十分激烈。
勃 跟 斗 bhek geng dou	摔跤。
白 相 （孛 相） bhek siang bhek siang	（1）玩耍，游玩。例：到仔苏州，一定要~虎丘。（2）玩玩，闲逛。例：有空，到我屋里来~。（3）把人耍的意思。例：侬辣海~我。
白 相 介 事 bhek siang ga shy	玩具。例：托儿所里，~多勿过。

白 相 人 bhek siang nin	旧时上海无固定职业，游手好闲，常以行骗、勒索为谋生手段的社会流氓。例：从前黄金荣和杜月笙是上海~格两大头子。
拨 beh	（1）给予，赠送。例：我~俚一千块洋钿买火车票。（2）被。例：我~俚骂得狗血喷头。
勃 勿 转 bhek fek zoe	对某些事转不过弯来。例：讲得实梗清爽，俚脑子还是~。
扳 错 头 be co dhou	挑刺儿，找岔子。例：我就是怕俚来~，真吃勿消。
板 面 孔 be mi kong	生气。例：倷用勿着搭我~，格桩事体我一点勿晓得。
皮 夹 子 bhi ga zy	钱包。例：马路浪拾着仔~要交拨辣警察。
被 头 筒 bhi dbou dhong	被窝。例：大冷天，钻辣~里勿想起床。

碧 绿 生 青
bi lo sang cing
碧绿碧绿。

别 苗 头
bhik miao dhou
比高低，竞争。例：国产奶粉能跟外国货奶粉别一别苗头吗？

巴 望
bok mang
（1）希望，盼望。例：侬晓得我对伲子~仔长远哉。（2）指望，盼头。例：唔笃伲子哀趟考进清华大学，奈末侬有~哉。

把 细
bok sy
仔细，小心，谨慎。例：俚做起事体来~勿过。

半 二 勿 三
boe ni fek se
言行不踏实稳妥，做事不负责，有头无尾。例：俚做事体一经实梗~，叫别人帮俚擦屁股。

C

赤 脚 地 皮 光
cak jia dhi bhi guang
比喻倾家荡产，弄得一无所有。例：蛮好一家人家，拨俚吸毒格伲子败得~。

辣 赤 焦 黄
la cak ziao whang
颜色焦黄。例：俚手浪戴只~格欧米茄金表。

赤 胳(角) 落	cak go lok	赤膊，光膀子。例：天还凉快，侬就~了，大热天哪哼办？
拆 烂 污	cak le wu	做事不负责任。例：做事体要认认真真，勿要~混过去算账。
拆 穿 绷	cak coe bang	露底。例：我再也勿能屏下去了，再屏马上就要~哉！
拆 穿 西 洋 镜	cak coe si yhang jin	露底，揭穿真相。例：侬要隐瞒，我偏要~！
拆 台 脚	cak dhe jia	拆台。例：朋友道里要合作，勿要互相~。
尺 寸	cak cen	分量，身份。例：侬阿晓得格个陌生人啥个~？
闯 穷 祸	cang jhon whu	闯祸，惹了大祸。例：难末侬~哉，哪哼好酒驾撞人呢！
铲 饭 糍	cei fhe shy	直意为铲光锅巴，通常用来形容使彻底完蛋，一锅端。例：昨日，风是大得野豁豁，伲屋里格个简易遮雨棚险加乎被~。

赤 佬
cek lao
骂人如鬼。贬义称人，有时亦作昵称。如说：倷个小赤佬。

猜 枚 枚 子
ce me me zy
猜谜，猜谜语。例：喔唷，唔笃就说出来吧，勿要让俚~哉。

猜 东 猜
ce dong ce
一种以手形示意石头、剪刀、布来决胜负的儿童游戏。例：既然大家摆勿平，只好来~。

出 趟
cek tang
指青少年言行举止大方，不怕生，见过世面。例：搿个小人蛮~，以后有出息格。

出 噱 头，出 花 头
cek xuik dhou cek ho dhou
变花样使人上当，想出花招、点子骗人。例：格个女人又要~哉。

出 披 头
cek pi dhou
本指骑马飞奔，现在大多指人飞快地跑，习惯上加进数量词，变为“出一个披头”。

出 色
cek sek
（1）很好，优秀。例：同班同学里末小王最~，年年评上三好生。（2）糟了，坏事了！例：~！伲的底细俚侪晓得则。

出 道 cek dhao	指人进入社会，从事某项职业开始独立谋生。例：李小龙~得早，20 岁就名闻江湖。
出 窠 兄 弟 cek ku xiong dhi	从同一地方一起出来的朋友。例：自己~，何必为一点小事翻面孔？
摧 脱 cek tek	倒掉。例：隔夜菜~算哉。
春 cen	皮肤受冻干裂。例：冬天里，手浪、面孔浪要涂点雪花膏防~。
痴 头 怪 脑 cy dhou gua nao	形容疯疯癫癫、神态异常。例：“十八岁的姑娘想嫁郎，~看春台戏。”（民谣）
七 勿 老 牵 cik fek lao qik	（1）为人处事不妥当。例：倷总归实梗格，做这种~格事体。（2）不正规，不像样子。例：衣裳着得~，勿知像啥。（3）说话不正经。例：倷勿要一日到晚讲些~格事情，拨人看勿起。

七 勿 搭 八
cik fek dak bok

（1）语无伦次。例：老太婆~讲仔半日天，别人一句也覅听懂。（2）两者不相关涉。例：拿格件要补格衣服摆好了位置，~缝起来。

七 嘴 八 答
cik zy bok dak

（1）答非所问。例：这书做得好极了，一味~。（《何典》）（2）七嘴八舌。例：那些猜灯谜的人，指着彩条儿~的乱猜。（3）胡说八道。例：勿懂勿要~乱讲。

七 更 八 十 调
cik gan bok sek dhiao

横挑鼻子竖挑眼。还含“有意见、不服帖”的意思。例：格几个外国食客~真难伺候。

七 翘 八 裂
cik jhiao bok lik

（1）器物不平、开裂。例：格条小路~，车子呒不办法开。（2）爱闹矛盾，不好相处。例：大家要搞好团结，勿要弄得~。

七 世 冤 家
cik sy yoe ga

（1）积怨很深的仇人。例：两个人像~，碰勒一道就要吵。（2）深爱至极的亲人。例：倷真是我个~，我前世欠倷个，今世来还。

七 荤 八 素
cik hun bok su

头昏脑涨，糊里糊涂。例：我拨佢笃搞得~，勿晓得听啥人格好。

雌 孵 雄
ci bhu yhong

指两性人或不男不女的人。也指男人说话女里女气的。

切 理
cik li

打扮，整理。例：格个乡下姑娘~得比城里厢小姐还要标致。

青 肚 皮 猢 狲
cin dbu bhi whek sen

（骂人话）比喻健忘，教不好，学不会或不能吸取教训的人。例：倷是只~，转身就忘记。

触 壁 脚
cok bi jia

暗中使坏，挑拨离间，背后说坏话。例：佢专门登勒人家面前~，勿要睬佢。

触 霉 头
cok me dhou

倒霉，晦气，遇到不愉快的事情，例：今朝我~，特脱一只皮夹子。

触 祭
cok zi

死人享受祭物，比喻吃饭，含贬义。例：倷~饱仔呒啥做，来寻我开心呀！/头颈绝细，独想~。

触 气 cok qi	指不受欢迎，令人讨厌或生气。例：叫俚一道吃饭匣勿肯，真~！
穿 帮 coe bang	指隐私被公开或阴谋败露。例：搿种事体只瞒得牢一时，辰光一长，总归要~格。
促 掐 cok kak	（1）刁钻刻薄，出坏点子捉弄人。例：肚皮里一肚子坏水，暗地里~人家。（2）尴尬、别扭，麻烦、难办。例：广东人的口味比北方人~得多。

D

搭 dak	（1）和，同，与。也作“搭仔”。例：结婚之后，俚就～俚笃爷娘分开来住哉。（2）为，给，替。例：我去~倷问一声。（3）牵扯，牵涉。例：生产是生产，学文化是学文化，根本~勿上格。（4）尝试滋味，尝味道。例：阿要拨记耳光倷~~？（打趣话）（5）耽误。例：辰光侪拨倷～脱。（6）捉拿，抓捕，例：拿俚~进去吃官司。
搭　界 dak　ga	（1）有关系，有牵涉。例：格种人少跟俚~！（2）交界。例：这座山三省~，是个三不管地方。
搭　浆 dak　ziang	（1）质量差，东西不好。例：格只手机忒~，是山寨货。（2）敷衍了事，马虎草率。例：今朝有贵宾来吃饭，酒菜要好的，交代厨师，不要~！

踏 添 （天）
dhak ti ti

踩空，前脚失足。例：今朝触霉头，下楼梯一个~，跌着一跤。

道 伴
dhao bhoe

同伴，朋友。例：我何尝不想出去散散心，只是一个人，没有~。

大 亨
dha hang

原指旧上海有势力的大官、富商或流氓，现指有地位、有名气的人。例：媒体报导，香港影视~邵逸夫离世，享年107岁。

汏
dha

洗。如说“汏浴”“汏衣裳”。

当 着 勿 着
dang shak fek shak

该做的时候不做或该说的时候不说。例：㑚个人叫俚做点事情往往~。

当 中 横 里
dang zong whang li

中间。例：俚跑得上气不接下气，推板一点~断气。

打 格 楞
dang gek leng

（1）说话不连贯而中间停顿，迟疑一下。例：俚个口才极好，半个小时演说，一口气讲完勿~。（2）说话故意吞吞吐吐。例：倷勿要~则，爽爽快快拿倷要讲个闲话侪讲出来。

打 霍 险
dang ho xik

天空中闪电。例：天浪~，作兴要落阵头雨。

打 相 打
dang sian dang

打架，互殴。

打 瞌 䐚
dang kek cong

打瞌睡。

打 昏 涂
dang hun dhu

打呼噜。

打 朋
dang bhang

开玩笑，闹着玩。例：认真点，倷勿要~。/倷末，一日到夜嘻嘻哈哈，欢喜~。

打 样
dang yhang

（1）设计，做样子。例：据说北京故宫的三大殿是苏州香山匠人~盖的。（2）也作“打烊”，意为商店晚间关灯，停止营业。

打 中 觉
dang zong gao

睡午觉。例：我有~格习惯。

打 回 票
dang whe piao

回绝，退回去。例：今日书店勿开门，只好～。

突 头 呆
dhek dhou ngek

一时遗忘，突然愣住。例：一个~，想不起啥场化见过格个人。

特 脱
dhek tek

掉落，丢失。例：今朝触霉头，买小菜~一百块洋钿。

钝 人
dhen nin

讽刺，以反话冷嘲挖苦。例：侬当仔我勒表扬侬？我勒钝钝侬。

谈也覅谈 dhe hhak fiao dhe
免开尊口，不必提起；不行，办不到。例：想让我赔礼道歉，~！

弹眼落睛 dhe nge lok zin
（1）瞪圆眼睛，凶狠的样子。例：我又呒不欠倷债，倷对我~做啥？（2）显眼，引人注目。例：城隍庙大殿横额浪~写着“威灵显赫”四个字。

登样 deng yhang
（1）好看，标致。例：革个小姑娘长得蛮~格。（2）有样子。倷搿件衣裳着得蛮～格。

的的刮刮 dik dik guak guak
确实，的的确确。例：格种奶粉质量高，~进口货。

的角四方 dik gok sy fang
很整齐的方形。例：军营里战士床上的被头折得~。

刁钻促掐 diao zoe cok kak
脾气古怪，心术不正。例：格种人~，什么事都干得出来。

吊 人 中 diao nin zong	原意为晕厥，常指人在急难中，焦急或吓得厉害。例：格桩事体真~，答应勿好，拒绝也勿好。
掂 斤 两 di jin liang	（1）测试本领（水平）。例：俚叫我连唱三只不同流派格开篇，存心要掂我斤两。（2）估计一下利害。例：倷对付搿桩事体要掂掂斤两格，勿要随便答允。
地 头 脚 跟 dhi dhou jia geng	（1）地址，住所；也比喻人的身世、来历。例：看见陌生人，勿要拿~告诉俚。（2）指地理交通。例：我对此地格~勿大熟悉。
定 头 货 dhing dhou hu	指对手是个很难对付的人。例：法网决赛，中国李娜相遇美国小威，真是碰着仔~则。
顶 真 din zen	认真。例：老师对同学们说，这是一种游戏，不必过于~。
丁 倒 ding dao	颠倒，反倒过来。例：别人家大人管小囡，你倒是~个，小囡管大人。

调 枪 花 dhiao ciang ho	耍花招，玩弄手法。例：要我做啥事体明明白白讲，勿要~。
调 脚 踏 地 dhiao jia dha dhi	形容因悲伤或愤怒而猛烈地跺脚。例：俚勒拉~格哭，伤心得不得了。
笃 定 dok dhin	泰然自若，完全放心。例：俚个伲子功课实梗好，考上大学是~格。
笃 笃 转，徐 徐 转 dok dok zoe shik shik zoe	（1）不停转悠。例：俚一经辣女同学身边~，勿动好脑筋。（2）形容心神不定或着急的样子。例：看倷~格样子，有啥心事啊？
笃 粥 dok zok	用微火慢慢地煮。例：“老太婆~。”
毒 dhok	（1）（动词）痛恨。例：村里人对掰个恶霸地主毒透毒透。（2）（形容词）残忍。例：俚个手段真~。

独（踱）头　独（踱）脑

dhok dhou dhok nao

（1）呆头呆脑。例：勿壳张格位新女婿着实有点~。（2）认死理，不拐弯。例：明明晓得自家错则，倷还~点啥？

铜 钿 银 子

dhong dhi nin zy

钱币，也贬指一切金钱。例：～身外之物，生不带来，死不带去。

豆 腐 饭

dhou fhu fhe

死者家属为招待来参加追悼会的亲友而设的酒宴，这种酒席上必须有一道菜是豆腐或豆腐羹，故名～。

投 五 投 六

dhou nn dhou lok

（1）做事冒冒失失，没有头绪。例：格个老赤佬近来一日到夜忙个七荤八素，~。（2）到处寻觅或借贷。例：佢~，总算投着一万块洋钿。（3）神气活现，甚至带流氓腔。例：勿要看佢~，总有一天要进派出所。

断 命

dhoe ming

讨厌的，该死的，可恶的。例：~天，立秋则还哀场热。

度 死 日
dhu si nik

（1）无所事事，混日子。例：无奈年纪老哉，做不动啥格哉，只好~哉。（2）得过且过，办事马虎。例：俚做事体~，经不起检查。

肚 肠 根 痒
dhu shang geng yhang

心里着急又使不上劲，心痒难挠。例：看俚做事体实梗慢，我真真~煞。

赌 神 发 咒
du sheng fhak zou

赌咒发誓。例：倷也勿要~，真下决心改，要拿出实际行动。

多 花 头
du ho dhou

多余的主意或办法，多此一举。例：倷勿要~哉，大家都已同意表决。

端 正
doe zen

（1）准备。例：面汤水~好了，倷来揩面吧。（2）正派，不歪斜。如说：面貌~。写字~。

头 上 出 角
dhou lang cek gok

比喻与众不同，独特。例：倷~葛？凭啥一个人要占两只座位！

大 好 佬

dhu hao lao

大人物，大腕。例：俚凭啥格拿倷看作~，待你若上宾呢？

大 头 梦

dhu dhou mong

不切实际的幻想。例：想要我嫁拨倷，做倷格~！

大 推 板

dhu tek bek

相差很远。例：俚笃两家头虽然同届毕业，水平~。

E

哀	个	（埃	个）	这个，这一个。例：我勿认得~人。
e	gek	e	gek	
哀	搭			这儿。例：~是啥格地方？
e	dak			
晏	歇			晚一点，过一会儿。例：~我会搭俚一道来格。
e	xik			
晏	歇	会		再会，一会儿见。例：讲么讲~，啥辰光再会勿晓得哉。
e	xik	whek		
哀	抢	势	里	这一阵子。例：～俚买进勿少红筹股，拨俚发着一笔横财。
e	ciang	sy	li	

F

发 格 fak gak	发火，发飙，发脾气。例：一定是尊夫人该两日勒嗨~，弄得你昏头六冲吧。
发 耿 fak gheng	发倔脾气。例：便~起来，任何人劝勿住格。
发 嗲 fak dia	撒娇，故作妩媚以讨人喜欢。例：格个小囡看见大人来就~。
发 噱 fak xuek	有趣，滑稽，引人发笑。例：便讲起闲话来蛮~格。
发 急 蹦 fak jhik bong	指发急到极点了。例：乘地铁格人多得来呒淘成，今朝我~仔才好不容易轧上去。
放 生 fang sang	（1）失约。例：讲好仔夜里七点钟开明大戏院门口碰头，倷勿能~介！（2）佛家用语。

放 一 码
fang yik mok

比喻网开一面，给条生路。例：他有意~，显出毫不在意的样子。

勿
fek

不。例：今朝~是节假日，倷为啥~上班？

勿 勿 少 少
fek fek sao sao

很多很多。例：别格覅讲，钞票就拨勒俚~。

勿 超 至 于
fek cao zy yu

不至于。例：俚格错误性质严重，但~开除党籍。

勿 出 趟
fek cek tang

形容怕陌生，不善交际。例：倷格个小囡真是~。

勿 搭 界
fek dak gak

（1）没有关系，没瓜葛。例：我晓得你~，但是看勒伲交情的份浪，你替我走一趟。（2）不介意。例："谢谢倷帮忙！""~格。"

勿 谈
fek dhe

不要去说它。例：格桩事体~哉。

勿 登 样
fek den yhang

不上品，不像样。例：俚原是实梗土里土气，着啥衣裳匣~。

勿 服 帖
fek fhok tik

（1）不合适。（2）不认错；不佩服。例：~，拨点颜色俚看看。

勿 尴 勿 尬
fek ge fek ga

（1）形容事情做了一半，尚未成功。例：我生活做得~，勿能马上跟倷走。（2）形容办事或处境进退两难，不上不下。例：又想收场，又吭不落场势，搿桩事体弄得真~。（3）比喻东西不凑巧，多了一点或少了一点。例：格段料作做衣裳有点~。

勿 壳 张
fek ko zang

想不到，没有料到（常指坏事）。例：~俚会生癌症。

勿 来 三
fek le se

不行，不可以，办不到。例：~格！我无论如何不同意。

勿 连 牵
fek li qik

不连贯，不清楚，含“办不成、不像样”的意思。例：佴刚学英文，连外国人的名字都说~。

勿 勒 海
fek lek he

不在这里。

勿 领 盆
fek lin bhen

（1）不服气，不服输。例：格盘棋佴是输哉，佴还~，还要着一盘棋。（2）不买账；对压人、强势、威胁等不服。例：对帝国主义格核威慑，中国人民就是~。

勿 落 开
fek lok ke

不得体，不像样，不义气。例：姓王的朋友太~，发仔财眼睛里没有伲格点老同学哉。

勿 三 勿 四
fek se fek sy

形容言语或行为不正派、不正经。例：讲话~，当心吃耳光。

勿 碍
fek nge

没关系，不要紧，无妨。例：再一想，~，我可以马上翻转来讲。

勿识相 fek sy siang

不会看别人神色行事；不知趣。例：倷勿要~，自讨没趣。

勿识头 fek sek dhou

（1）倒霉、晦气、吃亏。例：算我~，一出门就特脱一只皮夹子。（2）不知好歹。例：格个人真~，帮俚也呒没用。（3）出气。例：丈夫外头混得勿好，回家拿老婆~。

勿是么事 fek shy mek shy

（骂人话）不是好东西。例：搿个赤佬~，一日到夜动别人格坏脑筋。

勿是生意经 fek shy sang yi jin

（1）绝不可能，办不到。例：倷想溜走，~！（2）简直不像话。例：倷哪哼基本规矩也勿懂，真~。（3）情况不妙。例：走，立辣此地~。

勿消 fek siao

不需要，不用。例：~说，千差万差，总算我差。（《何典》）

勿适意 fek sek yi

（1）（感觉）不舒服，不舒适。例：弄得人家~，结果必然是自家也~。（2）（身体）不舒服。例：今朝我有点~，勿陪倷白相哉。

勿推板 fek te be

表示不差。例：在学习成绩方面，我比俚~几化。

勿着扛 fek sha gang

没有到手，落空。例：驼子跌跟斗，两头~。原为“两头勿着实”，且有讥讽残障人意。

勿作兴 fek zok xin

情理上不应该，不许可，不可以。例：倷欺瞒小囡，~个。

勿入调 fek she dhiao

行动或说话不正经、不正派，或庸俗、低级。例：格个人正经事体勿做，弄弄就要~。也指演唱走调不合音律。

勿上路 fek shang lu

指不够朋友、不讲情理。例：我做事体一向弹硬，呒不人讲我~。

𠲎 feng

“勿”和“曾”两字的合音，不曾、未曾、没有、尚未。例：“吃爷饭，着娘衣，~吃哥哥窠里米，~着嫂嫂嫁时衣。”（《吴歌》）/羊肉～吃着，惹仔一身骚。

覅 fiao	“勿”“要”两字的合音。不要，别。例：老话说：只有搭人争，~搭命争。
饭 泡 粥 fhe pao zok	（1）泡饭。苏州人的早饭主食，将冷饭用开水冲泡或煮沸而成。例：一碗~吃下去，总算入胃。（2）比喻说话啰嗦，或指说话啰嗦的人。例：年纪大，讲闲话~。
饭 镬 fhe hho	煮饭用的铁锅。例：~里还蒸着一碗梅干菜。
服 帖 fhok tik	（1）驯服，顺从。例：看到来头实梗大，俚只好~。（2）敬佩，佩服。例：倷技术全面，我~。（3）指衣服贴身得体。例：格身西装俚着勒嗨来得格~。
舞 受 舞 受 fhu shou fhu shou	心神不定，坐立不安，手足无措。例：挨两日看俚一经~，勿晓得啥心事？

G

家 当 ga dang	家产。例：俚格全部~，就是辩点收藏品。
家 生 ga sang	（1）家具。例：俚屋里格衣橱台椅，才是外国~。 （2）工具，家伙，武器。例：拿仔~跑到亭子边浪，想动手拆亭子。/便衣警察身上也带~的。
家 主 婆 ga zy bhu	老婆。
加 二 ga ni	尤其，更加。例：肉汤里放点鸡精，味道~好。
阶 沿 ga yhi	街道两旁的石台阶。例：~旁边不许摆摊。
价 钿 ga dhi	价钱，价格。例：覅嫌仔贵，一分~一分货噢。

夹忙头里 gak mang dhou li	（1）半中间，突然之间。例：刚刚说呒拨三句闲话，~吾肚里痛起来哉！（2）正忙碌的时候。例：~倷勿要来烦我。
夹了丝白 gak liao sy bhak	形容面色惨白。例：看看她面孔上~，不舍得啊！
假痴假呆 gao cy gao nge	（1）装傻。例：倷~做啥？（2）佯装不知，装聋作哑。例：倷勿要~地装糊涂，倷个机关我才晓得格。
假老戏 gao lao xi	弄虚作假；冒牌货。例：摊头上卖的外国货侪是~，勿要上当。
隔壁戏 gak bik xi	原指口技表演，用来比喻在看不见的情况下听别人说话或行动。例：俚当我睏着哉，轧实我辣浪听~，俚格议论我才听辣耳朵里。
轧闹猛 ghak nao mang	（1）凑热闹。例：大家侪兴致勃勃到周庄去白相，我匣来~。（2）到热闹新奇的场所去挤着玩。例：今朝庙会开场，我匣去~哉。

轧 苗 头
ghak miao dhou

善于发现端倪；察颜观色，审时度势。例：其实大家老早轧出苗头，彼此心照不宣罢哉。

轧 实
ghak shy

（1）其实。例：~俚老早晓得则，只是勿说穿罢了。（2）真实。例：倷讲格事体~是的，我匣碰着过。

轧 道
ghak dhao

（1）结交，交友，交往。例：从小就要懂得，~要分好坏。（2）同路，结伙走。例：明朝到虎丘白相，啥人搭我~走？

羹 饭
gang fhe

原指祭亡人和先祖的饭菜。例：清明前一天就准备好~哉。现泛指吃饭（带贬义）。例：慢慢叫吃好哉，勿要极出乌拉抢~。

讲 张
gang zang

说话，闲谈，谈论。例：现在开会，大家勿要~！

讲 闲 话
gang hhe hho

（1）讲话。例：总书记今朝讲格闲话非常重要。
（2）闲聊，谈天。例：让俚去忙，伲归伲~。
（3）指责，表示不满。例：倷勿要碰俚格心事，一碰俚就要~格。

讲 gang	讲 gang	白 bhek	相 siang	相 siang	说着玩的，随便说说。例：~，侬听勿进，就当耳边风。
戆 ghang	头 dhou	戆 ghang	脑 nao		（1）傻里傻气。例：看看~，实在倒蛮聪明格。（2）形容鲁莽冒失。例：阿大办事不大牢靠，有点~。
戆 ghang	进 zin	勿 fek	戆 ghang	出 cek	比喻表面糊涂，实质精明。例：侬覅看伊戆搭搭，伊是~。
搅 ghao	落 lok				花费掉。例：为仔弄到搿张通行证，伊~脱勿少铜钿。
茄 gha	门 men				表示厌恶，冷淡，对某事不感兴趣。例：我对跳迪斯科有点~。
伽 gha	勒 la	前 shi	八 bok	尺 cak	指冒冒失失或不懂装懂地冲在前面。例：勿是侬格事体就勿要~。

搅 七 廿 三 ghao cik nie se	（1）比喻胡乱纠缠。例：事体已经解决，倷勿要再来~。（2）乱搞一气。例：格两个人勿大规矩，辣辣~。
尴 尬 ge ga	（1）处境窘困，事情弄僵。例：约好格车子勿来就~哉。（2）神色、态度不自然。例：看俚一副~面孔，想必有为难之处。
疙 里 疙 瘩 gek li gek dak	难弄，要求高，计较。例：格个人做事体~，真难弄！
格 格 裂 裂 gek gek li li	形容程度很深，完全彻底。例：俚对我提出格要求回绝得~。
格 算 gek soe	划算，合算。例：实梗新鲜格黄花鱼只有五元一斤，蛮~格。
格(搿) 个 ghek gek	那个。例：~小囡真乖。

格 搭 （搿 搭）
ghek dak

（1）那儿。例：倷从~过来到埃面，穿过横马路就是。（2）又用作“定指”，表示手指点处或说话双方预知的地方。例：倷到~转弯角子浪向去乘地铁。

根 牢 果 实
geng lao gu shek

形容人非常沉稳练达、老成可靠。例：两位老先生年纪都不小了，为人方方正正，~。

耿 头 耿 脑
ghen dhou ghen nao

形容不听劝说，脾气倔犟。例：俚真是~不听劝啦！

觉 搭
gok dak

懂得，感受。例：俚搭倷讲仔半日，倷阿~勿~？

角 别
gok bhik

与众不同，特别。例：搿个人脾气~格，勿要搭俚多盘。

阁 头
ghok dhou

吃的苦头，吃的亏，受到的闷气。例：俚吃着仔~，晓得上当。

阁 落 山 门
ghok lok se men

统统，全部。例：屋里个旧家生，~才卖光。

过 歇 辰 光
gu xik sheng guang

从前，很早的时候。例：俚屋里~是开银行格。

过 日 脚
gu nik jia

过日子，生活。例：结仔婚成仔家，要学会~。

顾 怜
gu li

关心，同情。例：我是~俚才帮俚忙格。

刮 辣 松 脆
guak lak song ce

（1）形容声音清脆。例：格只喉咙~。（2）说话、做事干脆。例：俚做事体~，从勿拖泥带水。（3）形容食物松而脆。例：~，檀香橄榄！（民谣）

刮 刮 叫
guak guak jiao

非常好，好得很。例：俚是美国留学生，英文讲得~。

啯嘴 guek zy	漱口。例：俚每顿饭吃好，侪要~。
关照 gue zao	（1）告诉，交代，吩附。例：~厨房里，今朝酒菜要办好，有贵宾来。（2）照顾，关心。例：我是新手，请大家多多~。
归个 gue gek	那个。例：～啥么事，吾看勿清爽。
归常 gue shang	那么；那样。例：～是快格，不过吾勿会得做。

瞎　讲　讲
hak　gang　gang

随便说说。表示非正式地发表意见或对所说的话正确与否没有把握。例：我是~，倷勿要当真。

瞎　讲　一　泡
hak　gang　yik　bao

胡说一通，一派胡言，例：反正呒不人听，我~拉倒。

瞎　热　昏
hak　nik　hun

胡说八道，瞎说。例：勿要听俚~，俚啥格侪勿晓得。

瞎　说　踢　出
hak　sek　tik　cek

形容不负责任地胡说八道。例：倷勿要~，哀搭有法院的人，要记录在案格！

瞎　七　搭　八
hak　cik　dak　bok

（1）形容七拉八扯地糊弄人。例：一定要讲清楚，不能让俚笃牛头不对马嘴格~。（2）形容信口开河，胡说八道。例：我看不惯俚笃格种做法，三番四复，~。

瞎三话四	hak se hho sy	形容胡说八道，瞎说，胡诌。例：倷勿要~，事体还勠调查清楚呐。
瞎和调	hak whu dhiao	形容没有原则，附和别人乱说。例：倷自家呒不主张，专门跟勒人家~。
瞎缠三官经	hak shoe se guoe jin	错把这件事扯到那件事上，搞错了，瞎纠缠。例：娘舅年纪大哉，勒嗨~。
好好叫	hao hao jiao	（1）好好地、严肃认真地。例:勒屋里乖点，~陪弟弟白相。（2）狠狠地。例：~打俚一顿。（3）尽情地，痛快地。例：放仔假，我要~白相白相。（4）形容距离或差距很大，遥远。例：俚对倷格好处，~勿止辩点。
好日	hao nik	结婚，喜日，结婚的日子。
好白相	hao bhek siang	(1)好玩。例：苏州狮子林蛮~格。（2）有趣。例：倷看辩个小囡，红彤彤格苹果脸，头上还扎根小辫子，阿要~！

好 吃 吃 hao qik qik	指因老实而容易被人欺负或占便宜。例：倷当吾～格阿，一脚被倷欺负。
夯 拨 冷 打 hang bhek lang dang	总共，全部，通通。例：俚多年积下的私房铜细，~侪拿去买股票哉。
杭 勿 住 hhang feh shy	承受不了，吃不消。例：实梗多个生活，我一家头做~格。亦可说“杭勿落”“杭勿消”。
行 头 hhang dhou	原指戏曲演员演出时用的服装和道具，现泛指衣服，成套的服装。 例：看勿出，俚~一套一套蛮多格。
行 情 行 市 hhang shin hhang shy	形容许许多多，很多。例：今朝观前街浪~人，轧也轧勿进去。
号 头 hhao dhou	月，月份。例：据说，秦始皇在出生前，在娘肚皮里蹲仔 13 个~。

号 稍 点
hhao sao di

快，赶紧，快点儿。例：~跑，有人追上来哉。/天要落雨哉，～收衣裳。

吓 势 势
hak sy sy

形容有点害怕。例：一提到“运动”“斗争”等字眼，俚就有点~格。

一 句 闲 话
yik ju hhe hho

表示说话算数，一言为定。例：～，倷放心好哉！

黑 铁 墨 塔
hek tik ma tak

(1)形容颜色非常黑。例：~种田汉，赤脚零丁捉渔郎。（《吴歌》）(2)形容光线暗。例：房间里~。

花 头
ho dhou

(1)花样，花招，主意。例：倷勿看牢俚，俚又要出~哉。（2）本事，能耐，出息。例：俚只会吹吹牛，呒啥大~。（3）花纹，花色，图案。例：这块布格~好看。

花 里 百 拉
ho li ba la

五颜六色，花哨。例：衣裳着得～，阿要乡气呀！

溷浴 hok yho	洗澡。例：下昼提水烧浴汤，姑娘~娘拖背。（《吴歌》）
霍霍穿 hok hok coe	（1）心慌，心神不定。例：走辣吊桥浪，心里~。（2）因兴奋、惊恐而心跳加剧。含“冲动”意。例：头一趟同女朋友接吻，心里~。
红春春 hhong cen cen	形容脸色红润、精神焕发的样子。例：此人生得很魁梧，眉清目秀，面孔~。
红眉毛绿眼睛 hhong mi mao lo nge zin	原形容凶神恶煞、怒容相向的样子，常用来形容旧社会种种凶狠、阴毒的人。例：我怕点啥？跑仔几十年码头，~见多哉。
下巴托托牢 hho bho tok tok lao	比喻说话要有根据、要负责任。例：请倷讲闲话~。
下转 hho zoe	下次，下一回。例：俚实梗勿上路，~再也勿要睬俚。

下 巴 戏 hho bo xi	（1）不体面招人嘲笑的事。例：无巧不巧，就是俚闹出~来。（2）事情搞糟，没有好结局。例：俚不听别人劝告，最后闹出~。
话 搭 头 hho dak dhou	口头语，夹杂在语句里反复出现而无实际含义的词语。 例：倷讲闲话哪哼~实梗多啊？
恨 性 命 hhen sin ming	形容用足力气，使劲，拼命。例：俚恨足仔老性命拿俚搿个不争气伲子打仔一记耳光。
汗 滋 滋 hhoe zy zy	形容身上微微出汗。例：跑仔一大圈身浪~，要换脱件衣裳。
豁 边 huak bi	（1）过分，出格，出错。例：闲话讲～哉。（2）糟糕。例：事体拨倷做～哉。
豁 虎 跳 huak hu tiao	侧手翻。例：勿要看俚文质彬彬，～、竖蜻蜓俚才会格。

豁　翎　子 huak　ling　zy	比喻悄悄打招呼、暗示或提示某个信息。例：几日前我就搭侬~哉，侬哪哼拎勿清？
甩　水 huak　sy	指鱼的鳍，也指鱼尾。例：红烧~是老正兴格特色菜。
昏　图 hun　dhu	呼噜。例：俚打~响得隔壁房间里格人匣听得见。
和　调 hhu　dhiao	（1）无原则地附和别人说话。例：俚是心里不同意，嘴浪~。（2）胡闹，不按常规办事。例：你不应该再勒嗨外面~哉。
灰　毛　落　拓 Hue　Mao　lok　Tok	灰头土脸，衣冠不整。例：看侬辩副~格样子，活像个逃犯。
也　（匣） hhak　hhak	（提顿话题）也，都。例：侬勿来，我~勿去。/侬待我比亲姐姐~好。

J

记 认 ji nin	记号，标记。例：石桥上走马有得啥~？（《山歌》）
几 钿 ji dhi	多少钱。例：黄花鱼~一斤？
几 化 ji ho	（1）多少，几多，几何。例：~丫枝~叶，~须须~根？（《吴歌》）（2）多么。例：俚身兼两职，~忙勒嗨！
见 目 量 jik mo liang	有限，不过如此。例：俚辣工业浪投资~，主要做房地产生意。
见 气 jik qi	在意。例：有啥礼貌不周，请勿~。
见 情 jik shing	领情。例：倷帮仔俚实梗多格忙，俚勿~，搿种朋友少轧为妙。

脚脚头 jia jia dhou	剩余物，渣滓。例：勿要忘记拿杯子里格茶~倒脱。
脚碰脚 jia bang jia	形容彼此不相上下，差不了多少。例：俚笃两家头是一个师父教出来的，~，旁七旁八。
脚步钿 jia bhu dhi	脚钱，小费。例：差俚跑一趟，要付~格。
脚路 jia lu	门路，后台。例：搿个女人~粗，本地当官的侪是俚个朋友。
浇头 jiao dhou	指添加在面条或米饭上的菜肴。例：今朝我请倷到观正兴吃面，焖肉爆鱼双~。
叫名头 jiao min dhou	名义上，名称上。例：我是个~顾问，实际上不顾不问，啥事勿管。
叫啥 jiao sao	（1）叫什么，叫什么名字。例：小朋友，倷~？（2）谁知道，竟然，居然。例：~今朝俚拿昨天答允我格事体赖得干干净净。

结棍 jik guen	（1）厉害，了不得，形容程度很深。例：格顿批评真~。/结结棍棍打一顿。（2）身体结实，强壮。例：格个人身体真~。
结格罗多 jik gek lu du	形容东西很多、很杂、缠绕在一起。例：搿个乡下女人格头上野花插得~。
急煞 jik sak	形容急得要死、紧急到极点。例：碰着搿种~人格事体真是要老命！
劲道 jin dhao	（1）指力气、精力。例：病人有气无力地讲了一个字，就好像没有~讲下去哉。（2）指兴趣、趣味、积极的情绪。例：搿抢俚学习外语格~一直蛮足。
书卷气 shu joe qi	谈吐儒雅、文质彬彬。例：搿个青年长得十分～，像位读书相公。
绢光滴滑 joe guang di wha	形容娇美滑爽。例：面孔上~，伤疤也没有一个。

鬼	咪	头		指东西小、少。例：实梗~一眼心事啥人看得上？
ju	mi	dhou		
奇	出	怪	样	形容脾气、装束等奇特古怪。例：俚格阿公促掐勿过，~花头多。
jhi	cek	gua	yhang	
跪	踏	板		指丈夫怕妻子而被罚跪在床前踏板上。用于调侃、嘲笑惧内的人。 例：倷老酒吃仔实梗多，当心回家~。
jhu	da	be		
䠀				价格便宜。例：农贸市场浪格蔬菜，亦是新鲜亦是~，勿合算去超市买。
jhang				
强	掰	嘴		嘴硬不肯认错，强词夺理。例：倷明明犯仔错误，还要~，啥人相信？
jhang	bak	zy		
强	解	劝		明为解劝，实则偏袒一方。例：大家看得出来，倷勿是劝相打，而是~。
jhang	ga	qoe		

健 jhik	(1)指身板结实硬朗。例：倷身体着实~啘。（2）将自己的手臂或脚举起来。例：昨日帮人家搬场，弄得吃力煞则，今朝连手脚也~勿起来了。
掮 牌 头 jhik ba dhou	指抬出有权势的人以壮自己的声势。例：俚想~来欺侮我，谈也勿要谈。
掮 木 梢 jhik mo sao	受人哄骗，轻易承担某件事或去做吃力不讨好的傻事。例：倷真糊涂！不打听明白就去掮人家格湿木梢。
穷 开 心 jhiong ke sin	（1）苦中作乐。虽然贫穷，但很开心。例：肚皮吃勿饱，倒唱得起劲，阿是~？（2）形容非常高兴。例：昨日我伲白相仔一日天，~格。
穷 思 极 想 jhiong sy jhik siang	比喻绞尽脑汁、殚精竭虑，拼命地想。例：一家头~，是想勿出啥好办法格。
旧 年 jhiu ni	去年，上一年。例：十二月里冷西风，想起女儿要心痛，~过年家中住，今年过年在夫家。（《吴歌》）

急 吼 吼 jhik hou hou	（1）形容着急而大声说话。例：倷有话慢慢叫讲好来，~点啥？（2）形容迫不及待地去做某件事情。例：俚~做完家庭作业就跑去看球赛。
极 形 极 状 jhik yhin jhik shang	形容迫不及待、十分着急、十分慌张的样子。例：格个人看上去~，一定勿是好路道。

K

敲 钉 钻 脚 kao din zoe jia	形容对事物追根寻源，追问到底。还有“将事情做得牢靠”的意思。例：俚做事体~，一丝不苟。
考 究 kao jiu	（1）讲究。例：俚对自家打扮一向~勿过。 （2）精致。例：俚笃屋里侪是~的红木家生。
客 堂 间 kak dhang ge	客厅，起居室。例：俚买格新房子~宽敞勿过，有20平方米得勒。
开 条 符 ke dhiao fu	向别人提出某种要求或条件。例：事体好商量，倷~吧！
开 伙 仓 ke hu cang	开伙，过日子。例：俚结婚后自家~哉。
开 年 ke ni	来年，明年。例：我属羊，~是吾格本命年。

开 洋
ke yhang
去壳的虾干。例：~炖鸡蛋味道鲜勿过。

空 心 汤 团
kong sin tang dhoe
不能兑现的许诺。例：倷勿要看俚一口答允，其实只是一只~！

看 山 色
koe se sek
比喻察言观色。例：格种事体要~，勿要随随便便去做。

看 人 头
koe nin dhou
对不同的人的态度不同，照顾，偏袒。例：当领导要公平、公正，勿能~办事。

看 野 眼
koe yha nge
注意力不集中，东张西望，分神。一种是不该分神时分神，如：练书法辰光勿能~。另一种是随意闲适的，比如：坐勒草坪浪望望野景，看看野眼，来得个惬意。

看 相
koe siang
看上，看中。例：唐伯虎~秋香丫头。

看冷铺
koe lang pu
在一旁看人的好看，幸灾乐祸、袖手旁观。例：碰到格种事体侬总勿见得~吧？

哭出拉乌
kok cek la wu
（1）形容哭丧着脸，愁眉不展的样子。例：侬格副~的样子，让人看仔难过。（2）形容小气。例：侬拨人家末就爽气点，实梗~做啥。

口彩
kou ce
指吉利语。例：大年初一要讨个好~。

扣克扣
kak kou kak
刚刚好，一点也不多余。例：俚每月工资~才用光，一点呒不积蓄。

骷郎头
ku lang dhou
头颅，脑袋。例：我拿~担保，侬看哪哼？

睏梦头里
kun mong dhou li
在睡梦之中。例：侬养着实梗好格倨子，～也要笑醒格。

睏扁侬格头
kun bi ni gek dhou
痴心妄想，白日做梦。例：想叫我拿囡女嫁拨侬，真是~！

L

辣 手 辣 脚
lak sou lak jia

形容待人处事手段毒辣厉害。例：搿格外国老板办事~，不讲半点人情。

辣 豁 豁
lak huak huak

形容灼热、疼痛、刺痛的感觉。例：拨伊一记耳光，打得面孔浪~。

邋 里 邋 遢
lak li lak tak

形容脏得很。例：衣裳浪~，像个叫花子。

蜡 烛
lak zok

比喻不知好歹或不识抬举的人。例：侬搿格人真是~，不点不亮。

腊 赤 焦 黄
lak cak ziao whang

黄中带黑，深黄色。常形容金子。例：手浪戴只~格欧米茄金表。

喇 叭 腔
lao bao qiang

（1）做事不可靠，言而无信。例：夜头八点钟我老地方等侬，勿要再~啦！（2）办事没着落。例：好好叫一桩事体，拨伊去办总归~。

赖 极 皮 lao ghek bi	耍赖，耍赖的人。例：真扫兴！刚输仔几块洋钿就~勿白相哉。
两 家 头 liang ga dhou	俩，两个人。例：伲~一道来望望倷。
老 茄 茄 lao gha gha	不虚心；老成自居，傲慢自大。例：格个小人蛮~格。
老 底 子 lao di zy	过去，很早的时候。例：~俚笃屋里开过典当。
老 鬼 lao ju	经验丰富；资格老。常指内行、精明人。例：听评弹俚顶~。
老 鬼 失 撇 lao ju sek pik	资格老、能耐大的人遇到失策。例：倷~则吧，情况在变化，勿能只凭老经验。

老 气 lao qi	（1）指年纪很大的样子。例：俚年轻辰光长相就~。 （2）指服装等的颜色深暗，样式陈旧。例：我太太嫌格件旗袍~，做好仔一脚勿穿。
老 吃 老 做 lao qik lao zu	习以为常，一向这样的。例：格种生意对于俚来讲是~哉。
老 娘 家 lao niang ga	对自己或别人父亲的尊称。例：~，今年几化高寿了？
老 娘 舅 lao niang jhiu	原意为老舅父，现常代指调解人、和事佬。例：我来当~，请两位坐下来谈一谈，消除误会。
老 三 老 四 lao se lao sy	形容说话傲慢、不虚心，或好为人师。例：挨勿着倷来~教训我，我吃过格盐比倷吃过格饭还多！
老 虫 lao shong	老鼠，耗子。例：会捉~的猫不叫。

捞 横 塘 lao whang dhang	趁机捞取好处，获取不正当的钱财。例：俚公然利用职权~，吃回扣，已被法办。
勒 浪 lek lang	同“辣海”，“辣浪”。在，正在。例：俚～唱歌。
勒 煞 吊 死 lek sak diao si	（1）吝啬得很。例：问俚讨两铟，俚一钱如命，~拿勿出。（2）气派很小。例：看看倷卖相倒蛮好，买么事哪哼哀场~！（3）拖拖拉拉不爽快。例：叫俚一口答应，俚~勿晓得讲点啥。
肋 棚 骨 lek bhang guek	肋骨。例：人有廿四根~。
来 三 le se	（1）能干，有本领。例：小王蛮~格，已经可以独当一面哉。（2）行，可以，可行。例：问问老板看，先提货后付款阿~？
懒 怕 le po	懒，懒惰。例：我屋里原来格小保姆~勿过，解雇哉。

俚	傢 li nek	他。例：有啥意见，傢问~自家吧！
俚	笃 li dok	（1）他们。例：全部情况，~才晓得格。（2）他的。例：屋里的事，~娘做主。
里	厢 li xiang	里面，里边。例：~是卧室，外头是客堂间。
力	道 li dhao	（1）力气，力量。例：傢到底有几化~，格块大石头叵搬得动？（2）能耐，本事。例：傢~大勿大，竞争得过傢个对手？
立	勿 直 li fek shek	喻某个人的地位因犯了错误被揭发而不稳定了。例：俚老婆受人贿赂案被揭发后，俚自家~哉。
连	牵 lik qik	（1）周全。例：旧社会，我屋里吃着勿～，勿讲读书哉。（2）连贯，流利。例：人一老，话也说勿～了。
拎	勿 清 lin fek cing	糊涂，搞不懂，为人处事不得要领。例：实梗简单个事体，傢也~？

灵 光 ling guang	好，行，灵验，有本事。例：俚有艺术天才，唱歌、跳舞侪~格。
领 行 情 lin hhang shin	指买卖或处事要先洞悉市场行情或周围环境。例：倷去领领行情噢，10 块洋钿 3 斤啥地方买去？
搂 搂 liu liu	闹着玩儿，开玩笑。例：我搭倷～白相，勿要当真！
弄 松 long song	捉弄，逗弄，戏弄。例：倷勿作兴格，一脚～人。
弄 勿 落 long fek lok	事情弄糟，没法收场。例：倷早点勿想着我，事体~哉又来寻我哉。
乐 得 lok dek	乐得，正想，乐于得到，正合心意。例：格种顺水人情，~收下。
落 场 势 lok shang sy	（1）下台的机会，后路。例：我就是跟倷开开玩笑，倷就火哉，叫人吃不~！（2）下场。例：倷看好勒，俚总有一天吃不好个～！

六缸水混
lok gang sy wheng
（1）不得安宁，不可开交。例：蛮好一家人家，拨辣掰个媳妇作得~。（2）混乱不堪。例：新来格处长，毛抓七抓，弄得单位里~。

落集柴
lok shik sha
形容杂乱无章。例：今朝既不收捉，房间里弄得~。

聋髱
long bhang
聋子。

弄白相
long bhek siang
同“搂白相”，开玩笑。例：阿是拿俚来~，寻俚格开心。

弄勿连牵
long fek lik qik
做不好事情。例：倷格点生活匣~，搭我好好叫向师父学习吧！

路道
lu dhao
（1）原因，缘故。例：倷一进门就横冷横冷吵个不停，啥格~？（2）人的行径、做派。例：讲出闲话勿算数，掰算啥~？（3）本领，办法。例：倷格~比我粗，哀桩事体只有托倷帮忙哉。

买 面 子 ma mi zy	给情面，给面子，出于私人交情而故意给他人好处。例：搿桩生意做成功才靠买俚格面子。
卖 交 情 ma jiao shin	看在交情上帮忙。例：搿位先生肯~，忒感谢哉。
卖 相 ma siang	外观，外貌，相貌，外面样子，架势。例：看俚~蛮好，勿晓得肚皮里阿有货色。
卖 关 子 ma gue zy	知道某事、某种方法或知识而故意不说不做；讲故事讲到紧要关头故作跌宕，拖延情节的后续发展。例：要讲就好好讲，卖啥关子！
卖 野 人 头 ma yhak nin dhou	说大话、空话骗人。例：倷覅辣我面前～，当我是憨大。
猛 扪 mang men	横蛮，蛮不讲理。例：格个女人真~，勿讲道理。

毛 毛 叫
mao mao jiao

指大约，差不多。例：我到苏州~有三年了。

毛 脚 女 婿
mao jia niu si

未过门的女婿。例：~头一次上门，要大请客格。

毛 抓 七 抓
mao zao cik zao

乱七八糟。例：新来格厂长是个外行，~，弄得全厂六缸水混。

蛮 准
me zen

说得对，确实如此（肯定对方的话）。例：~，俚就是格种人！

蛮 娘
me niang

继母，后娘，后妈。例：老早讲，~格拳头，云里格日头，现在情况不同哉。

蛮 爷
me yha

继父。例：倷勿要一日到夜一只~面孔，吃勿消。

么（物） 事
mmek shy

东西，物件。例：倷袋袋里鼓鼓囊囊格装格啥~？

墨	腾	赤	黑		形容黑得很厉害。例：面孔涂得~。
mmek	dhang	cek	hek		
门	槛				窍门，诀窍，事情的关键所在。例：侬勿要看伲年纪轻轻，做生意~精着呢！
men	ke				
问	到	窝	门	里	问到被问者最熟知的事。例：侬要向伲请教电脑方面格事体，算是~勒，伲是电子专家。
men	dao	ku	men	li	
米	勒				形容早着呢，远未达到呢！例：侬要达到伲㑚样高格水平，~！
mi	lek				
迷	露				雾，迷雾。
mi	lu				
眯	趣	眼			指近视眼。
mik	ci	nge			
眉（眯）	花	眼	笑		笑眯眯。例：日脚越过越好，老人一日到夜～格。
mi	ho	nge	siao		

苗 头 mia dhou	（1）本领，办法。例：现在倒要看看伲究竟有啥~。（2）来头，气派。例：看伲搿身打扮，有~！（3）刚显露出来的趋势或情况。例：一看~不对，拔脚就跑。
密 密 猛 猛 mi mi mang mang	形容密密麻麻、很稠密的样子。例：上下班辰光地铁站浪格人~。
名 堂 经 min dhang jin	（1）名目，花样，种类。例：手机格~多勿过，要托内行帮倷选购。（2）道理，原因，说法。例：自己的铜钿也不能乱花，要有~地来，有~地去。
面 长 面 短 mi shang mi doe	指人的长相、面貌、模样。例：封建婚姻，新娘子勒嗨出嫁前连自家男人格~匣从未见过。
面 熟 陌 生 mi sho ma sang	形容面貌有些熟悉，似曾相识。例：格个人倒有点~，一时头浪想勿起勒啥场化见过。

木知木角	mok zy mok gok	（1）麻木迟钝。例：倷为啥实梗~，吃仔大亏还当呒事？（2）因糊涂而不知不觉。例：我~落脱一只皮夹子。
马掮掮	mo jhik jhik	指好管闲事又没管好。例：俚是有辰光讲起闲话来厚嘴呐得，做起事体来有点~格。
魔窠运	mo ku yhun	形容运气不好，倒霉透了。例：老张旧年交上~，做生意蚀本，伲子失学，家主婆下岗，巴望马年大吉，困境好转。
骂山门	mo se men	骂街，乱骂人。
姆妈	mm ma	妈妈。
呒不	mm bek	作为动词：（1）表示对“有”“具有”等的否定。例：我~理由勿来。（2）表示存在的否定。例：屋里~人。（3）不如；不及。例：我~倷高。（4）不够；不到。例：俚来仔~三日

就跑脱哉。（5）丢；不见。例：书包~哉。
作为副词：（1）未曾，未然。例：我还~吃夜饭。（2）不能，不得。例：俚有得进去，倷~去。（3）不。例：昨夜倷电视看到十二点钟阿是？——~，我看到十一点钟。

呒 啥 啥
mm sa sa
什么也没有。例：吾屋里~个。

呒 淘 成
mm dhao shen
形容数量多，程度深。例：铜钿花脱~，病还是覅看好。

呒 介 事
mm ga shy
没有这回事，没事，没关系。例：倷只当~，勿要去睬俚。

呒 清 头
mm cing dhou
（言行）没有分寸；不知轻重。例：格个小囡~，着仔新衣裳辣地浪打滚。

呒 心 思
mm sin sy
没有兴趣，不安心，寂寞。例：俚一个人住辣乡下，实在~。

呒 买 用
mm ma yhong
没有什么用处。例：建设国家，个人奋斗~，要靠集体力量。

呒 手 抓 锣 （箩）
mm sou zao lu lu
（1）束手无策。例：出仔格桩事体，弄得伲~。（2）比喻很无奈。例：我勿是勿想做班干部，实在是有种事体~。（3）很忙，腾不出时间做其他事。例：侬勠喊我去参加演讲比赛哉，我已经忙得~哉。

呒 收 作
mm sou zok
没办法收拾。例：侬格个人呀，真叫施棺材脱底——～。

呒 设 法
mm sek fa
处于尴尬境地，没有办法可想。例：~，只好老仔面皮求俚帮忙。

呒 弄 头
mm long dhou
（1）指人不好相处。例：搿人忒厉害，侬搭俚一道～格。（2）指事情做起来没意思。例：搿种生活～格，既费工又勿赚铜钿。

呒 趣 相
mm ci siang
没趣儿；没意思。例：侬实梗讲末～哉。

N

哪哼	na hang	（1）怎么，怎么样，如何。例：我格篇论文，侬觉着~？（2）怎么啦，怎么回事，什么意思。例：伊三日覅上班，~桩事体？
侬	ne	你。第二人称代词。例：~忙，~先走好哉！
乃末	ne mek	于是，那么。例：吃得忒胖哉，~要影响发育。
难为	ne whe	（1）麻烦别人。例：吾有桩事体，亦要~侬哉。（2）花费。例：吾~3000 块买仔只智能手机。
难板	ne be	难得，偶然。例：我~到图书馆里去格。
难过相	ne gu siang	看上去不舒服。例：侬着得大红大绿，真~！

难 末 好 哉 ne mek hao ze	（反语）这回糟了！坏了事了！例：~，亲眷朋友侪拨傣得罪光！
伲 ni	我们。第一人称代词。例：~一淘吃夜饭去。
伲 格 ni gek	我的，我们的。例：~事体用勿着傣管！
伲 子 ni zy	儿子。例：伲格~、囡唔才蛮孝顺爷娘格。
泥 土 气 ni tu qi	腻味，犯忌。例：搭搿种不三不四格人打交道，心里终归有点~。
腻 脂 ni zy	（1）肮脏，不干净。例：衣裳着得实梗~也只有傣。（2）看到肮脏东西心里难受。例：虽则是做成末子，然终觉有些~。（《金瓶梅》）
娘 舅 niang jhiu	舅舅，舅父。

孃孃 niang niang	姑母。例：伲爷格姊妹多，所以我格~就多。
廿 nie	二十。例：搿格姑娘看上去毛~岁。
念头 nie dhou	（1）想法，心里的打算。例：倷眼睛停洋洋勒转啥~？（2）瘾，瘾头。例：俚格香烟~重勿过，一时头浪解勿脱。
捻凿 nie sho	螺丝刀。
日朝 nie zao	天天，每天，每日如此。例：我~要散步 40 分钟左右。
日脚 nie jia	（1）日子，光景。例：改革开放以来，大家格~侪蛮好过。（2）日期。例：错过仔预约看病格~，只好重新挂号。
日里 nie li	白天，白昼。例：~勿做亏心事，半夜敲门勿吃惊。

日 长 世 久
nie shang sy jiu

经常，长期，久而久之。例：我伲~勒拉一淘白相，交情越来越深。

眼 门 前
nge men shi

眼前，眼下。例：～先要应付考试，别样事体等等再讲。

眼 热
nge nik

羡慕，眼红。例：~别人发财，真呒不出息！

眼 眼 叫
nge nge jiao

偏偏，刚巧，凑巧。例：我请假格天，俚也正好勦来，阿是~碰~。

热 昏
nik hun

（1）发昏，胡闹，做事不近情理。例：简直是~！哪哼可以做辩种事体。（2）形容程度很深。例：格只小菜味道好得~，倷尝尝看。

热 吹 潽 烫
nik cy pu tang

形容刚出锅还冒着热气的食物。例：格碗馄饨~，号稍吃。

逆 面 冲
nik mi cong

首次见面留下不好的印象。例：两家头一个~，啥人侪勿打招呼。

牛牵马绷 niu qi mo bang

（1）脾气犟，不听使唤。例：叫俚来，俚~勿肯来。（2）左支右绌，勉强应付。例：一家人吃饭还~，哪来钱买营养品啊？

牛吃蟹 niu qik hak

比喻让人做不善于做或做吃力而又不能胜任的事。例：开头学用电脑写字赛过~，慢慢叫熟练起来哉。

捏鼻头做梦 nia bek dhou zu mong

（1）空想，白日做梦。例：倷想做我个女婿，真是~！（2）蒙在鼓里，糊里糊涂。例：早就人去楼空，俚还勒嗨~等俚转来。

认得倷 nin dek ne

(1)怒言。表示对某人极为不满，记恨。例：我算是拨倷要仔一次，我格生世里~！(2)戏言时用，表示佩服，不会忘记。例：倷讲得出格种闲语，我~！

囡囡 noe noe

对小孩的亲热称呼。例：做仔衣裳~着，~着仔上学堂。（《吴歌》）

囡唔 noe nn

女儿。例：我只有伲子，呒不~。

暖热	noe nik	暖和，温暖，热乎。例：南方冬天里室外比室内~。
浓油赤酱	nong yhou cak ziang	指菜色深、味道浓。例：端上来一碗~格东坡肉。
额骨头	nga guek dhou	（1）额头，脑门儿。例：倷升官哉，眼睛就生勒~上头去哉。（2）运气，侥幸。例：倷~真高，中仔头彩。
牙齿捉捉齐	nga ci zok zok shi	说话要小心，要有依据。例：大会上发言倷~，要对自家讲葛闲话负责任格。
硬做	ngang zu	硬要。例：吾亦勿想出去白相，伲囡唔～要吾陪俚去杭州烧香。
五斤狠六斤	ng jin hen lok jin	（1）形容说话、争论时激烈而急迫的样子。例：勿要争争吵吵，~。（2）形容着力使劲的样子。例：握手也用勿着~呀！（3）形容厉害、凶猛。例：倷为啥对我~？我也勿是倷冤家呀！

五黑楞登 ng hek len den	五大三粗，肤色黝黑，身材魁梧。例：勠看俚长得~，做事体蛮细心格。
呆板数 nge be su	必然，肯定。有规律性，判断正确。例：一到二三月，燕子~要来做窝格。
唔笃 nn dok	你们。例：~几个啥人年纪大？
吾（我） ngu ngu	我。例：分啥个倷勒~，才是一家人。
吾伲 ngu ni	我们。例：~是一家人。/倷来得正好，~商量一下。
敖好戏 ngao hak xi	指故意做不讨好的事，或说不中听的话。例：倷勿要误会啊，我勿是~讲哀种闲话格。
哪搭 nok dak	哪里，哪儿。例：实梗好格家主婆，倷~去寻？
哪个 nok gu	哪个，是谁。例：我当~，原来是倷。

O

握 o	屎 sy	丢 dok	烂 le	泥 ni	无赖相，什么恶作剧都能做出。例：当心点，俚是~，随便啥格事情侪做得出来格。
握 o	拉 la	勿 fek	出 cek		表示沮丧得说不出话。例：事体弄到实梗地步，我真是～。
握 o	求 jhiu	苦 ku	恼 nao		苦苦哀求。例：我为仔要俚帮我格忙，已经到仔~个地步哉。
恶 ok	屎 sy	做 zu			弄得别人走投无路；恶作剧。例：搿格人~，拿只死老虫摆辣我个书包里。
恶 ok	掐 kak				阴险，恶劣，歹毒，刁枭。例：这个主意，果然来得十分~。（《九尾龟》）
恶 ok	形 yhing	恶 ok	状 shang		（1）行为乖戾，不顾体面，不堪入目。例：俚~格向女朋友做仔个眉眼。（2）形容装束奇特、难看。例：俚打扮得~，看见仔匣惹气。（3）形容味道奇臭。例：有的外国人身浪有股～格味道。

屋 里 ok li	（1）家，家里。例：俚三日两头出差，勿大蹲辣~。 （2）指自己妻子。例：我~人勿大出门，倷覅见过。
齆 鼻 头 ong bhik dhou	指堵塞不通畅的鼻子，也指鼻塞而语音不清的人。例：~闻勿着臭味道。
安 逸 oe yhik	（1）太平，安稳。例：经历“十年动乱”之后，大家巴望过~日脚。（2）舒适，满意。例：哀个房子勿大，住了嗨倒蛮~格。（3）安静。例：倷阿好~点勒，嘴巴到现在呱嗒呱嗒覅停过勒。（4）省省。例：外头雪落得蛮大，倷就~点覅出去哉，省得跌跟头。（5）收敛。例：倷~点吧，别人侪浪说倷是吹牛大王。
丫 求 苦 恼 o jhiu ku nao	形容苦苦哀求，十分可怜的样子。例：看俚揶种~的样子，叵蛮作孽格。

P

碰僵 pang jiang　僵持对立。例：为仔一点点小事体，两个人关系一直~辣嗨。

碰台拍凳 pang dhe pak den　形容发怒时拍桌子、扔家具的样子。例：倷有话好好叫讲，勿要动勿动就~。

胖笃笃 pang dok dok　胖乎乎。例：格个小囡~，阿要好白相。

拍拍满 pak pak moe　装得很满。例：袋袋里～装仔几十只大红枣子。

Q

起 忙 头 qi mang dhou	突然忙碌起来。例：为仔搭伲子筹备婚礼，俚哀两日大~。
气 数 qi su	可恨、气人，不像话。例：真~！俚借仔我格铜钿想赖掉。
气 味 qi mi	指臭味、异味，难闻的味儿。例：房间里~得来。
气 过 骱 qi gu gha	生气到了极点，气过了头。例：听俚讲得出格种闲话，我~哉。
区 得 qu dek	幸亏，亏得。例：~倷提醒我，勿然要错过机会哉。
牵 头 皮 qi dhou bhi	揭老底，捅伤疤，数落别人过去的不是。例：人已死仔多年，勿要再牵俚头皮哉。

牵 丝 攀 藤　办事拖拖拉拉；不爽快。例：要俚答应我个请求，俚就是~，到现在还覅拨我回应。

qi sy be den

腔 调　模样，举止，形象（含贬义）。例：倷看看自家个~好勿好。

qiang dhiao

翘 辫 子　去世，死的谑称。例：真作孽！新婚勿到半年就~哉。

qiao bhi zy

巧 开　诀窍，秘诀，窍门。例：烧好小菜格~主要是拿准火候。

qiao ke

吃 瘪　（1）被强势压垮。例：俚笃人多势众压下来，我只好~。（2）碰钉子，因理亏而无言应对。例：道理讲勿过俚，只好~。

qik bik

吃 牌 头　挨骂，受人批评指责。例：任务呒不完成，准备转去~哉。

qik bha dhou

吃 豆 腐 qik dhou fhu	（1）挑逗、调戏妇女。例：格个流氓专门寻女人~。（2）开玩笑，寻他人开心。例：倷勿要来吃我的豆腐则，我已经弄得哭笑不得哉。
吃 生 活 qik sang whek	挨打，被揍。例：倷再勿识相，当心~！
吃 夹 档 qik ghak dang	夹在中间，两头受气。例：格桩事体本来与我无关，弄不好我会~。
吃 饭 家 生 qik fhek ga sang	（1）指谋生的家具、家什。例：斧、锯、刨等~侪勭带来，做啥格木匠生活？（2）指脑袋。
吃 勿 消 qik fek siao	受不了，支持不住。例：一直撑下去，我~了。
吃 勿 开 qik fek ke	（1）不受欢迎。例：现在大家又喜欢着全棉的衬衫了，的确凉老早~哉。（2）行不通。例：俚个一套老早过时，~了。
吃 俚 勿 煞 qik li fek sak	难以掌握，拿不准，不能肯定。例：搿个人啥格来头，我也～。

吃 酸 qik soe	（1）棘手，难堪。例：倷要我当仔大家面前承认，我真~！（2）懊恼。例：今朝搭俚弄僵关系，真有点~！（3）吃不消，不好受，没话说了。例：俚三日两头来寻我吼势。我真～了！
轻 骨 头 qing guek dhou	（1）不稳重。例：俚听见人家称赞俚了，就要骨头轻得呒不四两重。（2）得意忘形。例：俚算格趟得着一只奖，就骨头轻则。
丘 qiu	坏，不好，坏人。例：格个赤佬实在~。/～戏锣鼓多，～人闲话多。
蛐 蟮 qo shoe	蚯蚓。

啥 格（个） sa gek gek	什么。例：搿个是~？
啥 场 化 sa shang ho	什么地方，哪方面。例：我~对勿住倷？倷要搭我板面孔。
啥 事 体 sa shy ti	（1）什么，什么东西。例：倷~怕俚，倷又不用靠俚过日脚。（2）为什么，干吗。例：我凭自家本事吃饭，~要拍俚马屁？
啥 么 事 sa mek shy	什么，怎么回事，什么东西（表示不满情绪）。例：~？要强制拆迁我房子？
啥 人 sa nin	谁，什么人，哪一个。例：倷是~？/~数得清天上星？~数得清地上人？（《吴歌》）
啥 辰 光 sa sheng guang	什么时候，何时。例：倷~到苏州？我派车接倷。

（煞） 杀 sak sak			（1）压价，砍价。例：苏州人~半价是出仔名格。（2）消除，解除。例：长远勿吃四喜肉则，今朝多吃点，~~馋。（3）放在动词或形容词后面，表示程度很深。例：真真要笑~人！
煞 爬 sak bok			（1）形容身体壮实、结实。例：倷个身体实梗~，阿是日逐锻炼格？（2）指言语或动作的程度强烈、厉害。例：倷骂得真~，连祖宗三代也骂在里面。
煞 渴 sak kek			解渴，过瘾。
杀 胚 sak pe			（骂人话）挨刀的，该杀的人。例：倷哪哼像~实梗横蛮无理！
杀 千 刀 sak cik dao			（骂人话）原指该千刀万剐的人，泛指坏蛋、混蛋、坏家伙。妻子笑骂丈夫时也会用此词语。例：格个~勿是个物事！

生	活			（1）工作，劳作，活计。例：俚做个~呒不闲话讲。（2）泛指某件事情。例：掰记~俚蛮吃酸格。（3）挨打或不慎碰伤。例：规矩点，当心吃~！
sang	whek			
爽	气			爽快，痛痛快快。例：有啥意见爽爽气气提出来。
sang	qi			
少	有	出	见	形容难得看到，少见的，不正常之事。
sao	yhou	cek	ji	
赛	过			（副词）好像，如同，仿佛。例：事体俚~侪晓得格。
se	gu			
三	脚	猫		指似乎都懂但都不精通的人。例：俚是个~，万宝全书缺只角。
se	jia	mao		
三	日	两	头	比喻经常、时常。例：俚~上医院，是个老病号。
se	nik	liang	dhou	

说 鬼 话				瞎说；说谎话。例：俚拉辣~，侬勿要相信。
sek	ju	hho		
识 相				知趣，会看别人的神色行事。例：我劝侬~点，勿要自讨没趣。
sek	siang			
失 撇				失手，失算。例：侬哪哼会老鬼~，上年轻人格当。
sek	pik			
私 弊 夹 账				比喻见不得人的事物。例：俚笃搿种~格事体，早晚要穿绷格。
si	bhi	gak	zang	
舒 齐				（1）准备妥帖，停当。例：勿要急，等所有条件侪谈~之后再签约。（2）舒服，自在。例：生活安排得舒舒齐齐。
sy	shi			
死 样 怪 气				（1）不死不活的样子。例：随便做啥，侬总归实梗~。（2）爱理不理的样子。例：我勒喊侬，侬勿要~！
si	yhang	gua	qi	

死 人 勿 关 si nin fek gue	形容碰到无论怎样严重的事，连死了人都不顾，一意要坚持做。例：搿个商人~，只要能赚铜钿，啥格生意都敢做。
死 话 si hho	引人发笑的幽默话。例：俚是说~大王，听俚讲张要笑痛肚皮格。
雪 白 滚 壮 si bhak gun zuang	形容长得白白胖胖。例：俚辣疗养院住仔不到一年，养得~，换仔格人则。
细 模 细 相 si mo si siang	（1）形容做事不慌不忙，仔仔细细。例：倷做生活一向~，保证质量。 （2）形容人长得容貌细巧。例：格个年轻人长得~，十分秀气，像个读书相公。
线 粉 （粉 丝） si fen	粉丝，粉条儿。例：用~和肉末做成格一只菜叫蚂蚁上树。
写 意 sia yi	称心，满意，舒适。

小 siao	鬼 ju	头 dhou	（小 siao	赤 cek	佬） lao	对小孩或青少年含有责骂或亲昵的称呼。例：~阿，希望倷好好向师父学习，学本领，学做人！
小 siao	辰 shen	光 guang				指小时候，儿童时代。例：我~体弱多病，长大仔反倒强壮起来。
小 siao	囡 noe					孩子，小孩子。例：倷当我是 3 岁~，会上倷格当？
小 siao	娘 niang	唔 nn				少女。例：格个~，长得阿要讨人欢喜。
小 siao	菜 cek					泛指所有荤菜、蔬菜。例：今朝买啥～？/倷去吃寿酒，～阿好？
小 siao	乐 lok	惠 whe				一个人或几个人吃一顿，或小范围地自寻乐趣，享受一番。例：俚笃两家头吃吃酒，吃吃蟹，倒蛮~格。

新 妇
sin fhu

新婚女子，媳妇。例：张家格~是李家里格独养囡婄。

收 骨 头
sou guek dhou

将放松散漫的心思收起来，接受新的工作或生活重担。例：春节里白相仔一礼拜，回单位工作末要~哉。

宿 笃 气
sok dok qi

霉味，食物因闷放过久而产生的异味。例：开门进去，闻着一股~。

缩 缩 势 势
sok sok sy sy

（1）形容畏缩害怕的样子。例：俚拿仔把菜刀想杀鸡，~不敢下手。
（2）形容因寒冷而发抖的样子。例：屋里呒不暖气，大家才冷得~。

舍 姆 娘
sok mm niang

产妇。产妇坐月子叫做舍姆娘。

酸 胖 气
soe pang qi

原指食物将馊时的酸气味，现引申为心里吃醋时的一种酸溜溜的滋味。例：倷身浪厢一股~，原来勒嗨吃醋。

数 脉 su mak	底儿，准确情况。例：关于格桩事体，吾心里有~。
着 生 头 里 shak sang dhou li	冷不防，突然。例：俚~想着要到上海去一趟。
惹 气 sha qi	（1）讨厌，令人恼怒，让人不愉快。（2）顽皮。例：搿个小囡真~！
惹 姆 娘 sha mm niang	岳母的别称。
上 场 昏 shang shang hun	怯场，初上台时慌乱，在大的场面一时忘乎所以。例：俚头一趟当众演出，有点~，忘记说开场白。
上 路 shang lu	（1）做事、说话合乎情理。例：老班长做事体最~则，大家服帖。（2）为人够朋友、讲交情。例：我们同班同学中，小王最~，寻俚帮忙俚板肯格。

长 一 码 大 一 码 shang yik ma dhu yik ma	形容人长得又高又大。例：倷覅看俚长得~，做起事体来细心勿过。
长 远 shang yhoe	很久，很长的时间。例：~勿见，倷身体阿好？
场 化 shang ho	地方，所处位置。例：现在勿少~禁止吸烟。
罪 过 she gu	（1）可惜，可怜。例：看俚格副~相，倷就原谅仔吧。（2）过错。例：浪费粮食是极大的~。
馋 痨 胚 she lao pe	（骂人话）口馋者，贪吃的人。例：俚从小是个~。
实 梗 shek gang	这样，如此。例：倷~一讲，我心中有数则。
实 头 shek dhou	实在，的确，果然。例：后首来查出来，么事~是俚偷格。

直	白	直		（1）直截了当。例：我就~讲哉。（2）笔直。例：倷转个弯，~走到底就到哉。
shek	bhak	shek		
贼	腔			（1）形容难看的样子，令人厌恶的样子。例：看倷格副~，阿要惹气！（2）不规矩，不大方。例：倷勿要实梗~！
shek	qiang			
贼	骨	牵	牵	形容鬼头鬼脑不正经的样子。例：倷看俚~，勿晓得亦浪动啥坏脑筋。
shek	guek	qi	qi	
贼	忒	嘻	嘻	形容嬉皮笑脸、没正经的样子。例：俚向来~，勿大严肃。
shek	tek	xi	xi	
直	格	隆	通	形容爽快、干脆、直截了当。例：俚是个~的人，说话做事从来不会拐弯抹角。
shek	gek	long	dong	
直	腰	懒	掼	形容无精打采、身子东歪西斜的样子。例：倷搿副~格样子，看仔匣叫人触气。
shek	yao	le	ghue	
顺	带	便		顺便，顺带。例：倷去观前街，~带点稻香村格点心转来。
shen	dao	bhi		

城 隍 鬼 叫 shen huang ju jiao	形容怪叫乱嚷。例：唔笃~，勒嗨寻啥人格开心呀？
辰 光 shen guang	时候，时间。例：倷啥~到苏州来？
前 世 作 孽 shi sy zok nik	在现实生活中找不着原因，只能解释为是前世做坏事，今世受报应。例：真可怜，俚哪哼会弄得实梗狼狈个地步，真是~！
前 一 枪 shi yik ciang	前一段时候。例：~倷辣啥场化做生意？
贱 骨 头 shi guek dhou	（骂人语）指不自重或不知好歹。例：明明吃仔亏，倷还要去，真是~。
齐 巧 shi qiao	恰巧，正好。例：倷参加进来~10人，凑满一桌。

像 煞 有 介 事
shiang sak yhou ga shy

（1）装模作样，像真有这么一回事似的。例：佢~充内行，实际浪一窍不通。（2）摆足架势。例：我去求佢帮忙，佢~勿理我。

寻 开 心
shin kek sin

开玩笑，取乐儿。例：倷~也勿看看对象，人家刚吃过批评勒嗨动气。/现在吃着不愁，老年人搓搓麻将，寻寻开心。

寻 相 骂
shin siang mo

借因头（理由）吵架，吵嘴。例：格个女人真凶！一日到夜~。

寻 吼 思
shin xiou sy

寻衅；有意找茬儿来为难。例：勿要惹佢，佢正辣~。

熟 日
shok nik

昨天，昨日。例：~仔搭，倷到啥场化去白相格？

缠 湾 里 曲
shoe wek li qok

事情的原委，发生事情的经过。例：先弄明白案情格~，再作判断不迟。

缠 缠 shoe shoe	勉强承受，将就凑合。例：吾匣勿会格，瞎～。
寿 头 模 子 shou dhou mok zy	（1）不通世故人情、容易上当受骗的人，傻瓜。例：倷真是~，会上辩种人格当。（2）好话不听、做事不知好坏的人。例：倷是~一个，会错过直梗好个机会！
辱 冷 拳 shok lang jhoe	（1）暗中伤人。例：掰个人真坏！劝相打~。（2）乘机讽刺。例：别人相骂，倷勿去劝，还要辣旁边~。
才（侪） she	都，全是。例：~是倷勿好。

T

榻 冷 tak lang	死了，同“翘辫子”。例：人三日不吃饭就要~。
汤 团 tang dhoe	（1）汤圆。例：现在北京人匣不吃元宵而爱吃~哉。（2）比喻零、零分。例：该场足球邀请赛，主队吃了只~。
讨 惹 厌 tao shak yi	（1）使人生气，使人讨厌。例：搿个小囡真~！（2）有些棘手，有点麻烦。例：格桩事体倒有点讨惹厌。
讨 俏(巧) tao ciao	讨好；见好。例：只有俚会傻里傻气，做搿种勿~格事体。
讨 手 脚 tao sou jia	添麻烦，帮倒忙。例：用勿着倷帮啥忙，倷勿搭我~，已经谢天谢地了。
摊 板 te be	（1）差劲，逊色。例：格批货色实在~，号稍退脱。（2）相差，差欠。例：我搭伲大阿哥~三岁。（3）忍让，将就。例：勿要发脾气哉，~一点算哉。

摊 板 勿 起 te be fek qi	形容对某事、某物、某人不容半点差别或损害。例：中央首长格安全~！
坍 台 te dhe	丢脸，丢面子。例：倷说得出格种闲话，真是～坍到脚后跟！
叹 苦 经 te ku jing	向人诉说困难的情况。例：佢一看见老板就~，要求涨工钱。
坦 气 te qi	大方、大度。例：小事一桩，落得~，答允算哉。
脱 头 落 配 tek dhou lok pe	比喻粗枝大叶，说话、做事丢三拉四，或不合分寸。例：倷已经是三四十岁格人哉，做起事体来哪哼原是~？
脱 嘴 落 索 tek zy lok sok	不着边际说大话或不文明的话。例：会上发言勿要~，胡说八道。
脱 空 tek kong	落空，失去。例：现在看来希望又要~。

脱	力		生病或劳累过度而没有力气。例：俚~仔长远哉，一时头浪还做不动生活。
tek	li		
贴	隔	壁	紧邻着。
tik	gak	bik	
挑	挑	俚	给人以甜头好处；使人得利。例：说不定我还会~发笔小财呢。
tiao	tiao	li	
听	壁	脚	在门外偷听别人说话，听窗根。例：俚是~听得来格，勿晓得阿是真格。
ting	bik	jia	
偷	盘		偷偷地，行动不使人觉察。例：伲做事体光明正大，用勿着~做。
tou	bhoe		
拖	畚		拖把。例：俚是懒怕得~倒辣地浪，不肯拾一拾格。
tu	fhen		

W

王伯伯	whang bak bak	做事不牢靠、不堪托付的人。例：托人托着个~。
黄皮两姜	whang bi liang jiang	颜色黄得像生姜。例：搿个人格面孔~，像个痨病鬼。
横戳枪	whang cok ciang	比喻斜刺里闪出；节外生枝。例：俚辣旁边~，事体弄得越来越复杂。
枉东道	whang dong dhao	原指以猜谜方式决定谁做东请客，现泛指打赌。例：倷勿相信，我敢搭倷~。
横竖横	whang sy whang	不计后果大胆干下去；反正如此，索性豁出去了。例如：~，拆牛棚，拆脱牛棚盖洋房。
横冷横冷	whang lang whang lang	大声说话或叫喊的声音。例：倷一进来就～吵个不停，勿知啥路道。

枉 对
whang te

强词夺理对待人家，横蛮地坚持自己不正确的意见。例：倷勿要实梗~。

稳 笃 笃
wheng dok dok

稳稳当当地，很有把握地。例：俚格伲子~考上复旦大学。

混 淘 淘
wheng dhao dhao

神魂颠倒，忘乎所以。例：格个女人本事真大，勿少男人拨俚搅得~。

温 吞 水
when ten sy

原指不冷不热的水，常用来比喻说话做事含糊随和、不干脆利落的人。
例：我最讨厌格种~，听俚讲话，肚肠根要痒格。

浑 身 勿 搭 界
when sen fek dak gak

一点关系也没有。例：俚归俚当官，我归我做学问，吾伲两个人~。

魂 灵 头
wheng ling dhou

（1）灵魂。例：一声爆炸，吓得我~出窍。（2）暗指某重要物品。例：警察来检查哉，倷格～放放好。

还 潮
whe shao

指饼干之类食品受潮后不再松脆。例：油氽果肉~仔勿好吃格。

煨 灶 猫
whek zao mao

比喻人像蜷缩在灶边的懒猫那样无精打采、萎靡不振。例：刚刚像只~，一歇歇又神采飞扬则。

殟 塞
whek sek

（1）心情不舒畅，心中烦闷。例：平白无故吃一顿批评，心里有点~。（2）气候潮湿闷热。例：今朝~热，又是一个桑拿天。

窝 心
wu sin

心中欢喜，开心，高兴。例：伲子考上名牌大学，当然非常~。

和 调
whu dhiao

（1）迎合别人的话或意愿。例：我讲啥，俚也讲啥，终归跟辣我后头~。（2）鬼混。例：搿个小鬼呒收捉，一日到夜搭几个不三不四格朋友瞎~。（3）调戏。例：俚看见仔漂亮女人就要~。

X

险 脚 乎 xi jia hhu	差一点。例：吓得我~发心脏病。
响 勿 落 xiang fak lo	无言以对；不便说话；想不通。例：俚不问情由拿我一顿数落，弄得我~。
乡 里 乡 气 xiang li xiang qik	形容土气，俗气。例：俚打扮起来总归~，勿像个城里人。
噱 头 xuik dhou	（1）滑稽可笑，引人发笑的言行。例：相声演员~真多。（2）花招。例：俚～多勿过，倷勿要随便相信。（3）本事，处世能力。例：俚倒蛮有~，下海呒不几年就发财哉。

Y

洋 泾 浜 yhang jing pang	洋泾浜：上海的一条河流。指在旧上海形成的不纯正的英语。后泛指半土半洋、不纯正的外国语。例：倷格英文讲得蹩脚勿过，是~英语。
洋 山 芋 yhang se yu	马铃薯，土豆。例：~烧肉是家常菜。
爷 娘 yha niang	父母亲。
才 夜 快 she yha kua	傍晚，将近天黑的时候。例：~回转去一脚要堵车。
野 豁 豁 yhak huak huak	说话做事不着边际，没有分寸。例：伊牛皮吹得~，看伊哪哼收场。
野 耳 朵 yhak ni du	耳背。耳朵有点聋。例：伊有点~，倷讲话声音要响点。

野 路 子
yhak lu zy
非正统；不正规。例：办事不按常规是~，倷哪哼看？

野 头 野 脑
yhak dhou yhak nao
没有规矩，不受管束（一般指青少年或小孩）。例：格个小姑娘~，一点呒不家教。

要 紧 勿 煞
yao jin fek sak
很紧急，赶紧。例：俚~做完家庭作业马上赶去看足球比赛。

幺 二 三
yao ni se
指屎。歇后语：四为“屎”。幺二三，歇四（谐音：屎 sy）。例：俚笨得赛过吃~格。

掩
yi
暗地轻步走路。例：怕吵醒病人，护士轻手轻脚~进病房。

厌 气
yi qi
寂寞无聊，烦闷。例：俚忙惯哉，三日勿做生活，就觉着~。

咽 勿 落
yik fek lok
不能容忍，妒忌。例：大家对俚一个人拿着实梗多奖金~。

意 勿 过 yi fek gu	过意不去，不好意思，表示歉疚。例：倷待我实梗好，我真~
异 出 怪 样 yhi cek gua yhang	奇形怪状，与众不同。例：衣裳着得~，面孔搨得五花六花。
嫌 比 yhik bi	讨厌，厌恶；看不起，不满意。例：姑娘~搭俚介绍格男朋友个子太矮。
腌 笃 鲜 yi dok sik	咸肉、鲜肉和竹笋合煮的汤菜。例：美食家陆文夫说，世界浪最好吃格菜是~。
现 开 销 yhik ke siao	（1）当面辩个明白。例：我是欢喜~，勿欢喜闷辣肚皮里。（2）当场解决问题。例：勿要当我好吃吃，吾伲到外头去~！（3）当场发难或给以回击。例：俚一点勿识相，我当场搭俚~！
一 包 气 yik bao qi	一肚子的气。例：伲子读书勿争气，讲讲真是~。

一对带拉酥 yik de dak la su
一对宝贝。形容两个爱惹麻烦、不受欢迎的人。例：倷拆烂污，俚淘浆糊，两个真是~。

一带勿带 yik dao fek dao
不知不觉（指时间过得快）。例：~，我来仔苏州三年哉！

一天世界 yik ti sy ga
形容到处都是，一片狼藉。例：台子浪格书叠叠好，勿要摊得~。

一塌刮子 yik tak gua zy
总共，一共，全部。例： 我袋袋里~只有 560 元，侪拨倷，我一分勿留下。

一贴药 yik tik yhak
本意指药性对症，药到病治。常喻有使对方服帖顺从的威力。例：格个调皮小鬼见仔俚笃爷~，一犟也勿敢犟。

一只鼎 yik zak din
最好，极好，最优秀。例：王师傅格技术勒拉伲厂里是～，呒不几个人比得过俚。

一句闲话 yik ju hhe hho
同“闲话一句”，意为没有二话，一言为定。例：~，倷要几化，我拨倷几化，一分勿少。

一干子 yik goe zy
一个人，独自一人。例：半夜里侬~转去吾勿放心，吾送送侬。

一时头浪 yik shy dhou lang
指较短的一段时间，犹言一下子、一刹那、骤然间。例：~想勿起俚个名字来。

一经 yik jin
一向，一直。例：侬~是搿种脾气，永生永世改勿好哉。

一脚落手 yik jia lok sou
（1）一竿子到底。例：该桩事体侬做也做则，就~做完吧！（2）一口气，不停歇。例：让我拿事体~做光，以后再来看侬。

一似一脱式 yik shy yik tek sek
一模一样。例：格两个双生姐妹长得~。

一崭齐 yik ze shy
整齐划一。例：饭店门口~立好六个花枝招展格姑娘。

一门心思 yik men sin sy
（1）一个心眼。例：俚~欢喜格个姑娘。（2）专心致志。例：读书写字，侪要~，勿可以三心二意。

一 倪 勿 过 三 yik ni fek gu se	有了第一回和第二回，就不会再有第三回了（表示一种预测或安慰）。 例：倷放心，~，现在格种触霉头事体轮勿到倷哉。
阴 损 yin sen	指暗地里使坏或捉弄人。例：倷~老实人，勿作兴格。
引 线 yhing sy	缝衣针。
有 介 事 yhou ga shy	有这件事，有这么回事儿。例：俚自家承认~格。
有 清 头 yhou cing dhou	有头脑，懂道理，有心向上。例：格个小囡从小就~。
有 数 脉 yhou su mak	（1）表示一清二楚，有数量摆着。例：一共 10 样物事，~，勿会弄错。（2）表示心中有数。例：倷托我格事体，我~。（3）表示对此有交情。例：我~，到辰光帮帮忙。

后 首 来 yhou sou le	后来，之后，接着。例：俚先起头勿肯，~才答应格。
悬 空 八 只 脚 yhoe kong bok zak jia	（1）形容离得很远。例：倷格篇文章，离开主题真是~。（2）形容虚假，与实际差得很远。例：一个人要踏踏实实，讲话勿要~，瞎吹！

Z

着 泥 zak ni	勾芡，烧菜时放芡粉使汤汁稠。例：炒鳝丝一定要~，否则味道勿好。
着 乖 zak gua	学乖，见机行事，知趣，懂得进退。例：吃仔勿少亏，现在俚~哉。
张 怕 zang po	生怕，唯恐，担心。例：俚~伲子溜出去白相，拿小赤佬反锁辣书房里。
照 牌 头 zao bha dhou	（1）依靠别人的力量、名声办事。例：今朝格顿夜饭要照倷牌头哉。（2）总归。例：格盘棋~输拨倷！（3）按理。例：夜里值班~是我格事体。
扎 台 型 zak dhe yin	（1）出风头；有光彩；很神气。例：今朝球场浪，拨俚扎足台型。（2）要面子；争面子。例：勿管啥事体，俚老是要为自己~。（3）有面子。例：在舞厅里，俚样样会跳，蛮~个。

崭 货
ze hu
好，好东西。例：从西班牙进口格伊比利亚火腿是~，倷阿要尝尝？

真 家 伙
zen jia hu
（1）形容棘手、费力、不容易做。例：要我一个人完成两个人的任务，~！（2）形容实实在在、真刀真枪地干的事。例：别格才是假格，铜钿银子~。

嘴 花 野 迷
zy ho yhao mi
（1）花言巧语。例：拨俚~一讲，对方倒信以为真则。（2）装聋作哑，故意把话扯到别处去。例：倷勿要搭我~讲点勿着边际格闲话！

嘴 硬 骨 头 酥
zy ngang guek dhou su
（1）说得很硬，但临时退却。例：倷勿要看俚神气活现，一碰着小事体，就~。（2）表示看起来坚强，行动却软弱无力。例：勿要看俚平常辰光狠三狠四，一碰着顶头上司就软下来哉，真是~！

猪 头 三
zy dhou se
（骂人语）指不明事理、不知好歹的人。例：送到嘴边浪格白食勿吃，真是~！

疰 夏 zy hho	苦夏。中医指夏季长期发烧、食欲不振的病。例：偓有~格毛病，每年都要到北戴河避暑。
节 掐 子 zik kak zy	手指甲。
济 糟 zik zao	吵闹。还有“心情不爽、烦躁”的意思（不限小孩）。例：天气热，小人~得来。
借 因 头 zia yin dhou	（1）借故，找借口。例：侬要赖脱搿桩事体，要借个因头格。（2）借机。例：偓正辣辣忙于应付特发事故辰光，我~快点走脱哉。
酒 水 糊 涂 ziu sy hhu dhu	喝醉后的迷糊状态。例：偓笃爷是个老酒鬼，一日到夜喝得~。
作 死 作 活 zok sy zok whek	形容大吵大闹，寻死觅活，没完没了地胡闹。例：就算损失点铜钿银子，匣用勿着~呀！

作 兴
zok xing

（1）应该，可以。例：大人欺瞒小囡，勿~格！（2）可能，也许。例：将来倷~匣会做官，一定要清正廉洁。（3）时兴，流行。例：现在男女青年才~穿牛仔装。

作 孽
zok nik

（1）可怜，可惜。例：倷看俚笃一家门住辣八平方个房子里，阿要~！（2）作恶。例：倷自家~，总归要自家去收捉。（3）罪过。例：暴殄天物，～格啊。

作 骨 头
zok guek dhou

寻事；无端取闹。例：格个短命小鬼一日到夜~，拿俚吪不办法！

中 浪 向
zong lang xiang

中午。例：~12 点钟，到饭厅里吃中饭。

颛
zoek

昏了头，犯了傻。例：倷活~脱哉。/倷勿要~穴穴。

转 来
zoe le

（1）回来。也作“回转来”。例：在国外工作格倔子今年~过春节。（2）过来。例：风吹红被四角动，好像奴郎活~。（《吴歌》）

循意寻声的词语索引

	闯穷祸	11	铲饭糍	11	猜枚枚子	12	猜东猜	12
	出嚎头，出花头	12	出道	13	打回票	20	触壁脚	15
	穿帮	16	调枪花	23	掂斤两	22	丁倒	22
	钝人	20	端正	25	放生	28	放一码	29
	毒	23	轧闹猛	36	关照	42	伽勒前八尺	38
	轧道	37	搅七廿三	39	瞎讲讲	43	瞎三话四	44
	搅落	38	豁翎子	49	掮牌头	54	掮木梢	54
	瞎七搭八	43	开伙仓	56	勿壳张	30	赖极皮	60
	开条符	56	毛抓七抓	67	问到窝门里	68	卖野人头	66
	捞横塘	62	难为	73	硬做	78	敖好戏	79
	骂山门	70	起忙头	83	吃生活	85	煞（杀）	88
	碰僵	82	收骨头	93	讨俏	100	上场昏	94
	缠缠	99	讨手脚	100	照牌头	114	挑挑俚	102

	和调	49	阴损	112	转来	117	作死	116
其他	勃勿转	9	触气	16	别苗头	10	触霉头	15
	发格	28	打朋	19	发嗲	28	发急蹦	28
	服帖	34	发耿	28	觉搭	40	顾怜	41
	瞎热昏	43	轧苗头	37	瞎说踢出	43	瞎讲一泡	43
	瞎缠三官经	44	瞎和调	44	见情	50	穷思极想	54
	强掰嘴	53	见气	50	看人头	57	看山色	57
	看相	57	强解劝	53	拎勿清	63	领行情	64
	搂搂	64	看冷铺	58	弄松	64	买面子	66
	卖关子	66	弄白相	65	眼热	76	握求苦恼	80
	恶屎做	80	握屎丢烂泥	80	牵头皮	83	吃瘪	84
	吃牌头	84	吃豆腐	85	吃酸	86	吃夹档	85
	吃勿消	85	吃勿开	85	吃俚勿煞	85	识相	90
	说鬼话	90	失撇	90	惹气	94	寻开心	98

	寻吼思	98	辱冷拳	99	讨惹厌	100	叹苦经	101
	横戳枪	103	响勿落	106	咽勿落	108	意勿过	109
	嫌比	109	张怕	114	着乖	114	扎台型	114
	作死作活	116	作骨头	117	作孽	117	颟	117
	鲍腌	7	舂	13	搭	17	搭界	17
	打样	20	迸拆	7	煞（杀）	88	脱空	101
	着泥	114						
名词								
人品	白相人	9	尺寸	11	道伴	18	大亨	18
	大好佬	26	红眉毛绿眼睛	47	卖相	66	齉鼻头	81
	寿头模子	99	野耳朵	107				
动植物	白乌龟	6	老虫	61	蛐蟮	86	白果	7
	洋山芋	107						
食品	豆腐饭	24	饭泡粥	34	甩水	49	浇头	51

	脚脚头	51	开洋	57	小菜	92	线粉	91
	汤团	100	腌笃鲜	109	斩货	115		
人体	骷郎头	58	肋棚骨	62	面长面短	69	额骨头	78
	节掐子	116	眯趣眼	68				
物品	皮夹子	9	被头筒	9	白相介事	8	铜钿银子	24
	饭镬	34	家生	35	行头	45	么事	67
	门槛	68	捻凿	75	拖畚	102	引线	112
其他常用名词	地头脚跟	22	客堂间	56	家当	35	阁头	40
	话搭头	48	下巴戏	48	记认	50	花头	46
	脚步钿	51	昏图	49	口彩	58	劲道	52
	力道	63	脚路	51	魔窠运	70	落场势	64
	念头	75	苗头	69	腔调	84	额骨头	78
	生活	89	气数	83	罪过	95	巧开	84
	缠湾里曲	98	死话	91	疰夏	116	数脉	94

人称								
（代词）	吾（我）	79	吾伲	79	伲	74	伲格	74
	倷	73	唔笃	79	俚倷	63	俚笃	63
（称谓）	阿婆	3	阿爹	3	阿公	3	阿姐	3
	阿嫂	4	阿姨	4	伯姆道里	6	出窠兄弟	13
	家主婆	35	老娘家	61	老娘舅	61	毛脚女婿	67
	姆妈	70	蛮娘	67	蛮爷	67	伲子（伲子）	74
	娘舅	74	孃孃	75	小囡	92	小娘娪	92
	新妇	93	舍姆娘	93			爷娘	107
稳语	阿猫阿狗	3	隔壁戏	36	羹饭	37	翘辫子	84
	榻冷	100	触祭	15	红眉毛绿眼睛	47	三脚猫	89
	洋泾浜	107	王伯伯	103	魂灵头	104	幺二三	108
形容词								
（色味）	白僚僚	6	碧绿生青	10	夹了丝白	36	黑铁墨塔	46

	花里百拉	46	红春春	47	腊赤焦黄	59	墨腾赤黑	68
	黄皮两姜	103						
（气味）	宿笃气	93	酸胖气	93				
（状态）	痴头怪脑	13	嘴花野迷	115	登样	21	弹眼落睛	21
	顶真	22	刁钻促掐	21	调脚踏地	23	定头货	22
	独头独脑	24	投五投六	24	角别	40	戇头戇脑	38
	戇进勿戇出	38	颛	117	假痴假呆	36	花里百拉	46
	灰毛落拓	49	豁边	48	丘	86	健	54
	叫名头	51	轻骨头	86	老鬼失撇	60	敲钉钻脚	56
	老茄茄	60	老鬼	60	勒煞吊死	62	老气	61
	老吃老做	61	老三老四	61	五黑楞登	79	邋里邋遢	59
	面熟陌生	69	吼手抓锣（箩）	72	三脚猫	89	爽气	89
	雪白滚壮	91	死样怪气	90	贼忒嘻嘻	96	缩缩势势	93
	贼腔	96	贼骨牵牵	96	偷盘	102	直腰懒摆	96

	长一码大一码	95	脱头落配	101	野头野脑	108	异出怪样	109
	乡里乡气	106	有清头	112				
（境况）	鸭屎臭	5	拗	5	碰着发	8	旁七旁八	8
	把细	10	赤脚地皮光	10	出色	12	笃定	23
	搭浆	17	的的刮刮	21	的角四方	21	勿消	32
	多花头	25	大头梦	26	度死日	25	茄门	38
	加二	35	尴尬	39	格格裂裂	39	好好叫	44
	恨性命	48	好吃吃	45	好白相	44	结棍	52
	脚碰脚	51	豁边	48	吓势势	46	腽	53
	睏梦头里	58	扣克扣	58	绢光滴滑	52	敲钉钻脚	56
	空心汤团	57	赖极皮	60	考究	56	辣手辣脚	59
	喇叭腔	59	落集柴	65	来三	62	灵光	64
	六缸水混	65	猛扪	66	弄勿连牵	65	弄勿落	64

	蛮准	67	牛吃蟹	77	密密猛猛	69	热吹潽烫	76
	难板	73	安逸	81	敖好戏	79	硬做	78
	牛牵马绷	77	煞渴	88	呆板数	79	气过骱	83
	额骨头	78	爽气	89	拍拍满	82	少有出见	89
	煞爬	88	上路	94	舒齐	90	城隍鬼叫	97
	细模细相	91	一天世界	110	摊板	100	摊板勿起	101
	直格隆通	96	稳笃笃	104	一崭齐	111	一似一脱式	111
	齐巧	97	真家伙	115	有介事	112	野路子	108
	一只鼎	110	崭货	115	作兴	117		
（感觉）	懊劳	5	懊门痛	5	懊糟	5	触气	16
	七荤八素	15	七更八十调	14	肚肠根痒	25	汗滋滋	48
	突头呆	20	吊人中	22	辣豁豁	59	乐得	64
	杭勿住，杭勿落	45	穷开心	54	腻脂	74	泥土气	74

	面熟陌生	69	木知木角	70	逆面冲	76	恶掐	80
	难过相	73	热昏	76	煞（杀）	88	小乐惠	92
	握拉勿出	80	气数	83	上场昏	94	讨惹厌	100
	写意	91	死人勿关	91	殟塞	105	窝心	105
	讨俏	100	坦气	101	一贴药	110	洒水糊涂	116
	一包气	109	一门心思	111	嘴硬骨头酥	115	作孽	117
	济糟	116	扎台型	114	促掐	16		
叠字	白落落	6	笃笃转，徐徐转	23	的的刮刮	21	讲讲白相相	38
	格格裂裂	39	刮刮叫	41	瞎讲讲	43	好好叫	44
	好吃吃	45	吓势势	46	霍霍窜	47	红春春	47
	汗滋滋	48	脚脚头	51	辣豁豁	59	老茄茄	60
	毛毛叫	67	密密猛猛	69	马掮掮	70	眼眼叫	76
	胖笃笃	82	拍拍满	82	缩缩势势	93	直白直	96
	贼骨牵牵	96	贼忒嘻嘻	96	缠缠	99	横竖横	103

	稳笃笃	104	混淘淘	104	野豁豁	107		
时间词	挨模样	5	度死日	25	晏歇	27	晏歇会	27
	哀抢势里	27	嘞	33	夹忙头里	36		
	过歇辰光	41	过日脚	41	好日	44	号头	45
	号稍点	46	开年	56	后首来	113	急煞	52
	旧年	54	米勒	68	归常	42	老底子	60
	勒浪	62	日脚	75	呒不	70	难板	73
	日朝	75	眼眼叫	76	日里	75	日长世久	76
	眼门前	76	顺带便	96	三日两头	89	小辰光	92
	长远	95	着生头里	94	辰光	97	前一枪	97
	前世作孽	97	一带勿带	110	熟日	98	才夜快	107
	要紧勿煞	108	一倪勿过三	112	一时头浪	111	一经	111
	一脚落手	111	中浪向	117	现开销	109		
处所词	阿末	4	当中横里	18	哀个（埃个）	27	哀搭	27

	格搭（搿搭）	40	客堂间	56	归常	42	勒浪	62
	屋里	81	场化	95	贴隔壁	102		
数量词	一贴药	110	一句闲话	110	一塌刮子	110	一对带拉酥	110
	一倪勿过三	112	一干子	111	两家头	60	扣克扣	58
	呒不	70	鬼咪头	53	悬空八只脚	113	伽勒前八尺	38
	廿	75	呒淘成	71	勿勿少少	29	几化	50
	呒啥啥	71	夯拨冷打	45	见目量	50	行情行市	45
	结格罗多	52	阁落山门	41	毛毛叫	67	有数脉	112
否定词	覅	34	勿三勿四	31	七勿老牵	13	七勿搭八	14
	当着勿着	18	谈也覅谈	21	勿	29	勿出趟	29
	勿超至于	29	勿搭界	29	勿谈	30	勿登样	30
	勿服帖	30	勿尴勿尬	30	勿壳张	30	勿来三	30
	勿连牵	31	勿勒嗨	31	勿领盆	31	勿落开	31
	勿碍	31	勿识头	32	勿识相	32	勿是生意经	32

	勿入调	33	勿上路	33	勿推板	33	勿作兴	33
	覅	33	浑身勿搭界	104	吃勿消	85	吃勿开	85
	吃俚勿煞	85	呒不	70	呒介事	71	呒清头	71
	呒心思	71	呒买用	72	呒手抓锣（箩）	72	呒收作	72
	呒设法	72	呒弄头	72	呒趣相	72	难过相	73
	死人勿关	91						
疑问词	阿	3	阿是	4	阿来三	4	阿作兴	5
	几化	50	叫啥	51	哪搭	79	哪个	79
	哪哼	73	啥格	87	啥场化	87	啥辰光	87
	啥事体	87	啥么事	87	啥人	87	盎（齁）	5
詈词	阿木林	4	阿曲死	4	败兆	7	白鼻头	6
	白嚼蛆	7	碰着点啥勒嗨	8	碰得着格	7	碰着个赤佬	7
	七世冤家	14	雌孵雄	15	青肚皮猢狲	15	头上出角	25
	断命	24	勿是么事	32	睏扁傣格头	58	蜡烛	59

	赖极皮	60	认得徐	77	轻骨头	86	丘	86
	小鬼头（小赤佬）	92	馋痨胚	95	杀胚	88	杀千刀	88
	寿头模子	99	一对带拉酥	110	贼腔	96	贱骨头	97
	猪头三	115						
感叹词	阿壳张	4	难末好哉	74	碰得着格	7	碰着点啥勒嗨	8
	碰着个赤佬	7	认得徐	77	真家伙	115		
拟声词	横冷横冷	103						
虚词								
（语气）	阿	3	搭	17	乃末	73	煞（杀）	88
	实梗	95	实头	95	赛过	89	也（匣）	49

俗　语（以笔画为序）

一　丈 水 退 脱 八 尺
yik shang sy tei tek bok cao

形容失去了兴趣的劲头。

一 筅 帚 豁 杀 十 八 只 蟑 螂
yik si zou hua sa shek bok zak zang lang

比喻批评不分青红皂白，同时误会了无辜者。

一 搭 一 档，一 吹 一 唱
yik tak yik tang，yik cy yik cang

表示两人配合默契。

一 面 打 墙 两 面 光
yik mi dang shiang liang mi guang

比喻做一件事对双方都有好处。

一 哭 二 骂 三 上 吊
yik kok er mo se shang diao

形容旧时妇女在家吵闹的几种方法。

一 塌 刮 子 搁 落 山 门
yik tak guakzy gho lok se men
总共，统共，一共；全部，一起，都。

一 表 三 千 里，表 到 洛 里 是 洛 里
yik biao se ci li，biao tao lok li shy lok li
比喻事情发展到哪里是哪里。

一 张 床 上 勿 睏 两 样 人
yik zang shang lang fek kun liang yhang nin
比喻夫妻终究一条心。

一 客 勿 烦 二 主
yik kak fek fhe er zy
一人把事情做到底，不用两人。

一 张 嘴，两 层 皮，翻 来 翻 去 全 是 理
yik zang zy，liang shen bi，fe lei fe qi she shy li
形容能说会道。

二 一 添 作 五
ni yik ti zo nn
大家各一半。

七 十 三，八 十 四，阎 王 不 请 自 已 去 cik shek se，bo shek sy，nie whang feh cing shy ga qi	指人到七十三岁或八十四岁，将面临健康和生命的一个关口。
七 石 缸 门 里 大 cik shang kang men li dhu	只会在家里逞凶，到外面就无能了。七石缸泛指大水缸。
十 句 九 笃 落，一 句 呒 着 落 shek ju jiu dok lok，yik ju mm shak lok	说话不可信。
十 八 个 画 师 也 画 勿 像 shek bek ge hho sy hhak hho fek shiang	比喻尴尬的面部表情难以形容。
人 面 对 肉 面 nin mi de nio mi	双方面对面。
亦 做 师 娘 亦 做 鬼 yeh zu si niang yeh zu ju	两面三刀，当面一套背后一套。

万 宝 全 书 缺 只 角 fhe bao shi sy qek zak gok	形容知多识广的人。也形容自认知识渊博而实质一窍不通的人。
大 好 八 成 账 dhu hao bok shen zang	意为不会太好的，另说为“好煞见模量”。
大 懒 差 小 懒，小 懒 差 门 槛 dhu le cao siao le，siao le cao men ke	懒惰怕做事，推事于人。
大 勿 算 小 牵 转 dhu fek soe siao qi zoe	失大恋小。比喻舍本求末，精明得不是地方。
三 间 房 子 看 仔 两 间 半 se ge fhang zy koe zy liang ge boe	形容调查不周全，发生失误。
三 日 勿 吃 还 魂(混) 食，四 脚 伸 得 壁 立 直 se nik fek qik whe when shek, sy jia seng dek bi li shek	说明人必须吃饭。“还魂食”泛指粮食菜蔬。
三 日 勿 接 客，接 仔 个 弯 喇 叭 se nik fek zi ka，zi zy gek wei lao bak	没有做成买卖的怨语。

上 塘 搬 到 下 塘， 勿 见 三 日 饭 量 shang dhang boe dao hho dhang，feh ji se nik fhe liang	比喻一动不如不动。
小 鬼 跌 金 刚 siao ju di jing gang	比喻小能胜大，弱能胜强。 金刚：佛的侍从力士。
小 鸡 交 拨 黄 鼠 狼 siao ji gao bek whang cik lang	比喻托错了人。
山 东 人 吃 麦 冻， 一 懂 勿 懂 se dong nin qik ma dong，yik dong feh dong	搞不清事情的来龙去脉。 麦冬：一种常绿草本植物，叶形似韭菜。
六 月 债，还 得 快 lok nge za whe dek kua	形容刚才说别人的话，马上被用来还敬自己。
六 十 岁 学 吹 打 lok shek sek hho cy dang	学得太晚，延误了时间。

生 病 人 搭 鬼 商 量 sang bhin nin dha ju sang liang	求助找错了对象，必然无结果。旧时迷信人生病是鬼作祟的缘故。
打 碎 水 缸 隐 过 去 dang se sy gangying gu qi	不明说，旁敲侧击，委婉地使对方明白自己的意思。
半 腰 里 杀 出 程 咬 金 boe yiao li sak cek sheng yhao jing	没有预料到；横生枝节。
东 瓜 缠 勒 茄 门 里 dong go shoe la ga men li	比喻搞错了事情，张冠李戴。
叫 人 勿 蚀 本，舌 头 滚 一 滚 jiao nen feh shek ben，shek dhou gun yih gun	形容不吝说好话，就能得人好感，进而就能获得利益。
头 颈 绝 细，独 想 触 祭 dhou jing shik si，do sian cok zik	骂人嘴馋。 触祭：吃。

夹　忙　头 里 膀　牵 筋 gak　man dhou li pang qik jing	比喻紧要关头突然发生意外。
老　鬼 不 脱 手，脱 手　不　老　鬼 lao　ju feh　te　sou，te　sou　feh　lao　ju	指东西不能轻易给人。
宁 可 搭 苏 州 人　相　骂，　勿 愿　搭 宁 波 nin ku ta su zou nin sian mo，feh nioe tak nin bok 人　讲　话 nin gang hho	形容吴侬软语的好听。
有　笃　落　呒　希 you　dok　lok　mm　xik	随便准备，以备所需，不经意地，目的性不强。
有　理　呒　理，出　勒　众　人　嘴　里 you　li　mm　li，cek　la　zong nin　zy　li	有无道理众人评判。
托　人　托　仔 王　伯　伯 tok　nin　tok　zi whang bak　bak	寻错求助对象，找了一个办事不负责任的人。

吃 空 心 汤 团 qik kong sing tang dhoe	比喻空欢喜，结果令人失望。
吃 素 碰 着 月 大 qik su bhang sha nge dhu	比喻事情不凑巧。本指准备吃一个月素食，正好碰上大月，就得多吃一天素。
吃 死 人 勿 吐 骨 头 qik si nin feh tu guek dhou	贪得无厌。形容心狠手辣，盘剥苛刻。
行 灶 里 推 出 木 柴 来 hhang zao li tei cek mo sha le	反常。行灶，烧木柴的炉灶。
年 纪 活 勒 狗 身 浪 ni ji whek la gou seng lang	骂人白活了一大把年纪。
爷 来 爷 好，娘 来 娘 好 yhao le yhao hao，niang le niang hao	是非不分。
苏 州 人 杀 半 价 su zou nin sak boe ga	意谓买者还半价以下。

芦 席 浪 爬 到 地 浪 lu shi lang bei tao dhi lang	不相上下、差不多的意思。
弄 弄 就 要 喇 叭 腔 long long shou yao lak bak qiang	指常把事情办砸。
囫 囵 钮 钮 扁 塌 塌 whek leng niu niu bi tak tak	比喻办事没有决断或做事圆滑，说话模棱两可，让人捉摸不透。
困 扁 傒 个 头 kun bi ne ge dhou	讥笑人痴心妄想。
呒 屎 占 坑 缸 mm si zoe kang gang	自私，独占一方。占住位置不办事。
佛 实 梗 敬， 贼 实 梗 防 fhek shek gang jing，shek shek gang bhang	表面敬重，内心提防。
身 浪 绸 披 披，屋 里 呒 不 夜 饭 米 seng lang shoe pi pi，ok li mm bek yak fhe mi	比喻外表阔气，实际贫困。

冷 锅 子 里 爆 出 热 栗 子 lang hho zy li bao cek nge li zy	比喻突然；出人意料。
闲 话 里 嵌 骨 头 hhe hho li kei guek dhou	说话暗中讽刺的意思；话中有话。
阿 胡 卵 冒 充 金 刚 钻 ak whu loe mao cong jing gang zoe	比喻不自量力，没有能耐的人做与自己能力不相符的事。
阿 艮 艮，膀 牵 筋 ak gheng gheng，pang qi jing	形容为人耿直，脾气固执。
折 空 老 寿 星 cak kong lao shou sin	一切都完了，彻底完蛋。（遇到失望的事时说的一句话）
苗 头 勿 轧，苦 头 吃 煞 mia dhou fek ghak，ku dhou qik sak	比喻看不清形势，不会察言观色，就要吃苦头或付出代价。
若 要 盘 驳，性 命 交 托 sha yao bhoe bok，sin min gao tok	指回答不出问题。

若要俏，冻得肮狗叫 sha yao cao，dong de nnang gou jia	自讨苦吃。讥讽为追求漂亮而不顾天气寒冷、衣服穿得过少的人。
贪嘴勿留穷性命 toe zy fek liu yhong sin ming	比喻为贪食连性命都不要了。
罗汉请弥陀，客少主人多 lu hoe cing mi dhu，kak sao zy nin du	比喻请客时，请的人比被请的人还多。
乖乖乖，蚰蜒吃百脚 gua gua gua，yhou yhi qik bak jia	精明过头也要吃亏。“百脚”即蜈蚣。
临时上轿穿耳朵 ling shy shang jhao coe ni du	比喻事前不做准备，临时慌乱应付，临出嫁上花轿之前才想起穿耳孔。
要讨好，饶格焦 yao tao hao，niao gek ziao	弄巧成拙；适得其反。
要么楼上楼，要么楼下搬砖头 yao mek liu lang liu，yao mek liu hho boe zoe dhou	不能蹿上，宁愿跌下，孤注一掷。

急惊风碰着慢郎中
jek jing fong bhang zao me lang zong
比喻紧急的事偏遇慢性子的人。急惊风：指小儿因高烧而手足痉挛的病。

看俚不像样，倒是雕花匠
koe li fek shang yhang，dao sy diao ho shian
人不可貌相。赞誉别人有出乎意料的本事。

俏眯眼做拨瞎子看
ciao mi nge zu bek ha zi koe
白费工夫。自作多情。

皇帝匣有草鞋亲
whang di hhak you cao hhao cing
富人也有穷亲戚。

皇帝万万岁，小人日日醉
whang di fhe fhe se，siao nin nik nik ze
只图眼前。（酒鬼自嘲）

家眼勿见野眼见
gak nge fek jik yha nge jik
形容做见不得人的事总会被人看见。

捏牢骱门勿用刀
nia lao gha men feh yhong dao
抓住要害，能任凭摆布。

盐 钵 头 里 出 蛆 yhi bek dhou li cek cik	比喻话不可信，不可能有的事。
鸭 吃 砻 糠 鸡 吃 谷，各 人 自 有 各 人 福 ak qik longkang ji qik go，go nin zi you go nin fok	各人有各人自己的命运。
黄 牛 角，水 牛 角，大 家 各 归 各 whang niu gok，sy niu gok，dhaga gok gue gok	互不关心。
猫 头 浪 抓 抓，狗 头 浪 拉 拉 mao dhou lang zak zak，gou dhou lang lak lak	形容做事没有条理。
猫 吃 饭，狗 做 主 mao qik fhe，gou zu zy	讥讽去管不该管的事，多管闲事。
救 仔 田 鸡 饿 煞 蛇 jiu zi dhi ji ngu sak sho	比喻不可能顾全两方面利益，总有一方受损。
眼 睛 一 眨，老 婆 鸡 变 鸭 nge zin yih sak，lao bhu ji bik ak	变化极大。比喻做事手脚快。

眼 眼 调 碰 着 眼 眼 调
nge nge dhiao bhang shak nge nge dhiao

形容巧合，十分偶然。

棉 花 耳 朵 风 车 心
mi ho ni du fong zo sin

指人没有主见，容易听信谣言。

棉 纱 线 扳 倒 石 牌 楼
mi so si be dao sha bhak lou

比喻以弱胜强或不可能发生的事。

象 牙 筷 浪 扳 雀 丝
shang nga kui lang be cia sy

比喻故意挑剔毛病。

硬 装 斧 头 柄
ngan zang fu dhou bin

比喻硬加罪名，强行说话或办事。

喉 咙 三 板 响
hho long se bei xiang

高声说话。

黑 铁 墨 塔，吃 俚 勿 煞
he ti mak tak，qik li fek sak

指吃不准，看不透，摸不清底细。

猢狲扒肚肠 whek sen bho dhu shang	形容一刻也不肯安宁。
猢狲拾着姜 whek sen ngek shak jiang	比喻拿也不好，丢掉也不好，舍勿得。
猢狲勿赅宝 whek sen feh gek bao	形容有东西藏不住的人。
湿手捏仔干面粉 sek sou nia zi goe mi feng	比喻惹上了麻烦事甩不掉也摆不开。
趁势踏沉船 cen si dha shen shoe	比喻落井下石。
答应得噢噢应，忘记得干干净 dak ying dek ao ao ying，mang ji dek goe goe shing	把满口答应的事丢在脑后。
强头拔耳朵 jhak dhou bak ni du	形容脾气倔强，不听话。

装 杀 鹅 头 鸭 颈 颈 zang sak ngu dhou ak jing jing	丑人怎么打扮也不好看。
摇 仔 半 日 船，缆 匣 覅 解 yhao zi boe nie shoe，le hha feng ghao	做了半天事情动也没动。
滚 唔 笃 娘 个 蛋 gun nn dok nian gek dhe	去你妈的！（骂人语）
精 精 精，裤 子 剩 条 筋 zing zing zing，ku zy shan dhia jing	精于事务过分者，常常失败。
横 竖 横，拆 牛 棚 whang sy whang，cak niu bhang	反正如此，索性豁出去；不顾一切，孤注一掷。
瞎 缠 三 官 经 ha shoe se gou jing	搞不清，胡来。
瞎 猫 拖（仔）死 老 虫 ha mao tu zy si lao shong	比喻不管三七二十一，胡乱取东西。

瞎 子 趁 淘 笑
ha zy ceng dhao siao

未明真相，随着大家一起笑。

螺 蛳 壳 里 做 道 场
lu sy ko li zu dhao shang

在极狭窄的地方做场面大的事情。
做道场：指道家或佛家做超度打醮。

嘴 硬 骨 头 酥
zy ngan guek dhou su

比喻说话强硬，行动软弱无力。

歇后语（以笔画为序）

一 粒 骰 子 着 七 点—— 勿 壳 张：出人意料。
Yik li dhou zy zha cik di fek kok zang

一 粒 米 笃 粥 ——米 气 亦 呒 不：差得很远；还早着哩。
yik li mi dok zok mi qi hha mm bek

十 五 样 小 菜 ——七 荤 八 素：比喻摸不着头脑，糊里糊涂。
shek nn yhang siao cei cik hun bok sou

八 十 岁 学 吹 打 ——接 不 上 气：比喻体力够不上。
bo shek se hho cy dang zi feh shang qi

八 加 两——事 实（是十）：事情的真实情况。
bok ga liang shy shek

八 仙 桌 浪 加 一 位——久 违（九位）：比喻好久不见了。
bok si zo lang ga yik we jiu whe

九 曲 桥 浪 散 步 ——走 弯 路：比喻走的不是捷径，就是吃亏了。
jiu qok jhiao lang se bhu zou wek lu

大 年 夜 看 历 本 ——呒 不 日 脚：比喻前景不佳，没有好日子。
dhu ni yha koe li ben mm bek nik jia

三 角 钿 白 糖 ——一 赞（沾）就 光：比喻经不住称赞。
se go dhi bha dhang yik ze shou guang

三 只 节 头 捏 田 螺——稳 拿：形容非常有把握。
se zak zik dhou ngek dhi lu whun nok

门 缝 里 看 人——看 扁：小看人家。
men fhong li koe nin koe bik

风 箱 里 格 老 鼠—— 两 头 受 气：比喻左右为难。
fog siang li gek lao shong liang dhou shou qi

乌 龟 掼 石 板—— 硬 碰 硬：形容光明磊落。
wu ju gue zha bek ngang pang ngang

乌 龟 爬 门 槛—— 待 看 此 一 番（翻）：比喻成败在此一举。
wu ju bho men ke dhe koe cy yik fe

六 月 里 睏 觉 ——勿 要 面（棉）皮（被）：骂人不要脸。
lok ngek li kun gao fek yao mi bhik 睏觉：睡觉。

六 节 头 帮 忙——越 帮 越 忙：指帮倒忙。
lok zi dhou bang mang yhik bang yhik mang

孔 夫 子 搬 场 ——独 是 书（输）：指总是失败，以败告终。
kong fu zy boe shang dho shy sy

打 麦 碰 着 落 雨——难 收 场：指把事情弄糟，难以收场。
dang mak bhang zha lo yhu ne sou shang

打 碎 砂 锅——问（纹）到 底：比喻对事情寻根究底。
dang sek so gu men dao dik

四金刚腾云——悬空八只脚：(1)相差很大。(2)脱离实际或没有着落。
Sy jing gang dheng yhun yhoe kong bok zakjia

台子底下打拳——出手勿高：指本领差点。
dhe zi di hho dang jhoe cek sou fek gao

老孵鸡生疮——毛里有病：比喻事情有蹊跷。
lao bhu ji sang cang mao li you bhing

仙人笃阿爹匣弄勿清——高深莫测：比喻谁都不明白是咋回事。
si nin dok ak dia hha long fek cing gao shen mo ce

死人额角头——推勿动：指办事不得力。
si min nga go dhou te fek dhong

吊杀鬼拍粉——死要面子：比喻虚伪，表讥讽。
diao sa ju pak feng si yao mi zi

肉骨头敲鼓——昏冬冬（荤咚咚）：形容糊里糊涂，懵懵懂懂。
nio gue dhou kao gu hheng dong dong

红 木 当 柴 烧——勿 识 货：比喻不分辨东西好坏。
kong mo dan sha sao fek sek hu

羊 妈 妈 千 跟 斗——各（角）别：比喻特别；与众不同。
yhang ma ma ci geng du go bhi

灯 草 做 拐 杖——借 勿 着 力：比喻靠不住，不能用。
deng cao zu gua shang zia fek shzak li

灯 笼 壳 子——外 头 好 看 里 厢 空：比喻外强中干，中看不中用。
deng long kok zy nga dhou hao koe li xiang kong

花 花 轿 子——人 抬 人：比喻相互尊重，相互了解和抬举。
ho ho jhao zy nin dhe nin

床 底 下 放 鹞 子——大 高 而 不 妙：比喻事情办得好不到哪里去。
shang di hho fang yhao zi dha gao er bek miao

冷 水 打 浆——面 熟 陌（麦）生：比喻对某人不太熟悉，似曾相识。
lang sy dang ziang mi sho ma sang

哑子说书（讲故事）——有话讲不出：比喻有口难言。
ok zy sek sy gang gu sy you hho gang fek cek

张公养鸟——越养越小：比喻不善处理事务。“张公”指三国名将张飞，
zang gong yhang diao yhik yhang yhik siao 他性格暴躁，无耐心。

青竹头淘屎坑——越淘越臭：比喻事情越搞越糟。
cing zo dhou dhao sy kang yhik dhao yhik cou

顶仔石臼做戏——吃力勿讨好：比喻白费精力。
ding zi sha jhiu zu xi qik li fek tao hao

和尚披袈裟——半爿俏：比喻弄僵；只好了一半。
whu shang pi ga sok boe bhe ciao

空棺材出殡——目（木）中无人：比喻狂妄自大。
kong guoe she cek bing mo zong fhu nin

药材店里格甘草——百有份：比喻任何事都要有他参与。
yha she di li gek goe cao bak yhou fhen

城 头 浪 出 棺 材——远 兜 远 转：比喻说话不直截了当。
Sheng dhou lang cek guoe she yhoe dioe yhoe zoe

陌 生 人 吊 孝——死 人 肚 里 得 知：比喻错事自己心中明白，别人不知事情原委。
mak sang nin diao xiao si nin dhu li dek zy

（瞎）哑 子 吃 馄 饨——心 中 有 数：比喻办事有办法，心中有底。
ok zi qik when dhen sing zong you su

砻 糠 搓 绳——起 头 难：比喻凡是开头难。
long kang cu sheng qi dhou nek

烂 泥 菩 萨 过 江——自 身 难 保：比喻自己都不能保护自己，更难顾及他人。
le ni bhu sak gu gang zi seng ne bao

铁 公 鸡——一 毛 不 拔：比喻人吝啬。
tik kong qi yik mao fek bha

铁 拐 李 摆 摊——蹩 脚 货：比喻质量很差的东西或品位不高的人。
tik gua li ba tei bi jia hu

菜花小姐——碰勿起：（1）形容脆弱。（2）难打交道的人。
ce ho siao zao bang fek qi

船头浪跑马——走投无路：比喻没有路可走。
shoe dhou lang bhao mo ziu dhou whu lu

鬼迷张天师——有法无处使：比喻有了本领无处用。张天师为道教之始，传说他善捉鬼。
ju mi zang ti sy you fa mm cy sy

猫哭老虫——假慈悲：比喻假惺惺。
mao ko lao shong ga shi bek

麻将牌掉勒水里——败（牌）兆（潮）：指是有失体面。
mo ziang bha dhek la sy li bha shao

麻子搨粉——蚀煞老本：比喻浪费。搨粉即化妆。
mo zy tak feng shek sak lao ben

棉花店死老板——勿谈（弹）：表示因生气而无语可说，或好得无话可说。
mi no di sy lao bek fek dhe

阎 罗 王 出 告 示——鬼 话 连 篇：比喻没有一句真话，说混话。
xi lu whang cek gao shy ju hho li pi

阎 罗 王 笃 爷—— 老 鬼：比喻社会经验丰富。
xi lu whang dok yha lao ju

隔 年 蚊 子——老 口：比喻老于世故。
ga ni men zy lao kou

鼻 头 浪 挂 鲞 鱼——休 想（嗅鲞）：比喻愿望不可能实现，想也别想。鲞鱼是一种腌腊的鱼。
bhek dhou lang go siang ng——xiu siang

端 午 节 格 粽 子——估 煞（裹煞）：形容料得准，估计正确。
doe ng jik gek zong zy gu sak

橄 榄 核 垫 台 脚——活 里 活 络：（1）说话办事圆滑。（2）形容不稳定，不确定。
ge le whek dhi dhe jia whek li whek lok

瞎 子 看 戏——趁 淘 笑：比喻和调。
ha zy koe xi cen dhao siao

壁 虎 格 尾 巴——节 节 活：形容灵活。
bik hu gek ni bok zik zik whek

癞 痢 头 伲 子——自 家 好：比喻护短。
la li dhou ni zi shy ga hao

主要参考书目

平江区志·方言：苏州市平江区地方志编纂委员会编，上海社会科学院出版社 2006 年 11 月版。

实用苏州话（中英文对照版）：邢雯芝编著，北京大学出版社 2011 年 9 月版。

实用上海话词语手册：钱乃荣著，上海文化出版社 2011 年 6 月版。

新上海人学说上海话：钱乃荣著，上海大学出版社 2013 年 9 月版。

上海话托福（常用词汇）：李庆鸿编写，学林出版社 2010 年 6 月版。

后　记

历时两年，《苏州话 900 句》终于要和读者见面了，小小的口袋书，凝聚了黄志良、周明华两位老先生及全体编写组成员的智慧和心血，在此深表感谢；同时，还要特别感谢苏州三元宾馆的大力支持和帮助，在大家的共同努力下这本袖珍书终于得以顺利出版。希望这本书的面世能对广大吴语爱好者有所帮助，为苏州方言的传承和发扬光大贡献绵薄之力。书中谬误或不妥之处，敬请专家、读者指正。

本书编写组

2017 年 8 月 11 日